The Three KINGDOMS

요시카와 에이지 원작
이시모리 프로 그림
다케카와 고타로 시나리오
장현주 옮김

만화 삼국지 1

미래사

만화 삼국지 1 · 유비와 제갈공명

- 제1장 도원결의 (1) ···· 6
- 제2장 도원결의 (2) ···· 38
- 제3장 황건적의 난 (1) ···· 58
- 제4장 황건적의 난 (2) ···· 79
- 제5장 한황실의 위기 (1) ···· 101
- 제6장 한황실의 위기 (2) ···· 122
- 제7장 조조의 야망 (1) ···· 142
- 제8장 조조의 야망 (2) ···· 163
- 제9장 독재자 동탁 (1) ···· 184
- 제10장 독재자 동탁 (2) ···· 205
- 제11장 조조의 대두 (1) ···· 226
- 제12장 조조의 대두 (2) ···· 246
- 제13장 잔인한 여포 ···· 268

- 제14장 유비의 뜻(1) ······ 288
- 제15장 유비의 뜻(2) ······ 309
- 제16장 사나이 중의 사나이 관우 ······ 330
- 제17장 유비의 굴복(1) ······ 351
- 제18장 유비의 굴복(2) ······ 372
- 제19장 수경선생 ······ 394
- 제20장 삼고초려(1) ······ 414
- 제21장 삼고초려(2) ······ 436
- 제22장 공명의 첫 지휘 ······ 457
- 제23장 조조 침공 ······ 479
- 제24장 공명 대 주유 ······ 499
- 제25장 10만 개의 화살 ······ 521
- 삼국지의 세계! ······ 541

주요 등장인물 THE THREE KINGDOMS

관우 關羽

자는 운장(雲長). 하동군 출신으로 황건적 토벌 의용군에 지원하러 탁군에 왔다가 유비와 장비를 만난다. 탁월한 무예와 두터운 의협심의 소유자다. 무게 82근(지금 무게로 약 31kg)의 청룡언월도를 들고, 적토마에 올라타 바람처럼 전장을 누빈다. 한편 멋진 수염을 기르는 지성파이기도 하다.

유비 劉備

자는 현덕(玄德). 탁군 출신으로 한나라 무제의 동생에 해당하는 중산정왕 유승의 후손. 관우, 장비와 의형제를 맺는다. 여러 차례의 곤경을 극복하고 서주의 도겸에게 주를 받지만, 조조의 병력에는 늘 당할 뿐이다. 이에 뛰어난 군사(軍師)를 확보하기 위해 제갈량을 찾아간다.

조조 曹操

자는 맹덕(孟德). 패국 초군 출신으로 기지와 책략이 풍부하고 과감하게 시대에 도전한다. 반동탁 연합 계획은 실패했지만 헌제를 수중에 넣는다. 원소와 벌인 관도대전에서 승리하고 나서는 단독으로 그에게 대항할 자가 없고, 서주의 유비도 물리쳤다. 이어서 형주를 노리고 착착 준비를 진행한다.

장비 張飛

자는 익덕(翼德). 탁군에서 고기 장사를 하다가 유비와 관우를 만난다. 투박한 얼굴에 호랑이 같은 수염의 그는 장팔사모를 손에 들면 비길 데 없는 강함을 발휘한다. 술을 마시고 실수도 많이 하지만 심성이 곱다. 유비, 관우와 맺은 의형제 결의에 일편단심이다 보니 다른 데는 눈이 안 가는 경우가 있다.

손권 孫權

자는 중모(仲謀). 손견의 둘째 아들로 형 손책이 죽자 그 뒤를 이어 강동에 발판을 다진다. 주유, 노숙, 장소, 여몽 등 뛰어난 아랫사람을 두어 힘을 키워나간다. 유비와 힘을 모아 조조 대군을 적벽에서 이김으로써 더욱더 터전을 단단히 다진다.

여포 呂布

자는 봉선(奉先). 유비, 관우, 장비 셋이 덤벼도 쓰러뜨리지 못할 용자이나 지략이 부족하다. 정원, 동탁 두 의붓아버지를 죽인 것도 눈앞의 이익에 급급했기 때문이다. 이것이 그의 몰락을 가속시킨다.

조운 趙雲

자는 자룡(子龍). 상산 출신으로 원래 공손찬 아래에 있었으나 공손찬이 원소와 싸우게 되었을 때 공손찬을 돕기 위해 달려온 유비와 만난다. 그 후 천하를 유랑하다가 유비와 재회해서 평생 동안 오로지 유비에게 충성을 다한다.

제갈량 諸葛亮

자는 공명(孔明). 서주 낭야군 출신으로 전란을 피해 형주로 이주해 살며 수경 선생의 수하에서 학문에 힘쓴다. 스무 살 넘어서까지 관직에 오르지 않고 초야에 묻혀 지낸다. 군사를 찾고 있던 유비가 삼고초려로 맞이한 인물이다.

노숙 魯肅

자는 자경(子敬). 임회군 출신 주유의 추천으로 손권을 섬기게 된 그는 손권을 천하 통일의 주체로 삼고자 한다. 적벽 대전 때 결전을 주장한 것도 그 때문이다. 하지만 온화하고 서두르지 않는 성격 탓에 공명에게 선수를 빼앗긴다.

주유 周瑜

자는 공근(公瑾). 오나라의 젊은 리더. 조조에 대해서는 어디까지나 결전을 주장하여, 한때는 불협화음이 있었던 고참 정보 등과도 협조해 적벽 대전에 참전하기로 한다. 오나라가 천하를 차지하는 데 방해가 되는 공명의 제거를 획책한다.

* **왜노국** 기타규슈에 있던 소국의 중국 측 명칭. 왜는 일본, 노국은 지금의 후쿠오카시 하카타~지쿠시군~가스야군에 걸친 지역으로 보인다.

서기 7년, 왜노국(倭奴國)이 처음으로 중국 후한에 조공을 바쳤다.

낙양궁 (후한의 왕궁)

제1장
도원결의 (1)

* **후한** 광무제가 세운 왕조. 광무제(기원전 6~57년)의 이름은 유수이고, 전한(前漢)의 경제로부터 이어진 황실의 일족이다.

천자님! 앞으로 잘 부탁드리겠습니다.

멀리서 바다를 건너오느라 수고가 많았다.

그리고 백여 년 뒤, 제12대 영제 때 후한 왕조의 쇠퇴는 멈출 줄 모르고 도둑이 떼지어 일어나 민중은 고통에 빠져 있었다.

깍 깍 깍

*   **천자**: 황제를 말함. 황제라고 처음으로 칭한 사람은 진의 시황제(기원전 259~210년)로 중국 신화에 있는 삼황오제를 합한 것. 또 황제의 자칭인 '짐'도 시황제가 학자와 의논해 사용하게 되었다.

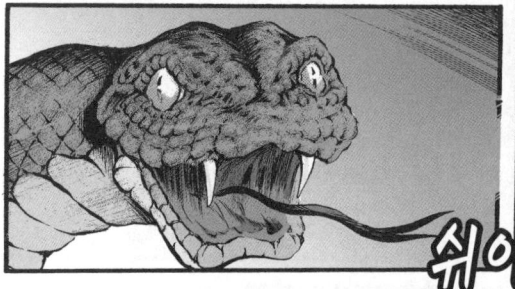

* 제12대 영제 이름은 유굉(156~189년). 제3대 황제인
장제의 현손(손자의 손자). 제13대 소제, 제14대 헌제의 아버지.

큰 지진이 낙양 일대를 뒤흔들었으며

이후로 천둥 번개를 동반한 큰 비가 마을을 덮치고

청주와 서주에서는 지진에 이어 커다란 해일이 덮치는 등 중국 전토에 참사가 이어졌다. 하지만 환관이 권력을 쥐고 있는 조정에는 민중을 구할 힘이 없었다.

* **환관** 후궁(황제의 거처)에서 일하는 거세당한 남자.

* 황건적 태평도의 신도는 중평 원년(184년)에 봉기했다. 봉기에 참가한 자들은 똑같이 노란 두건을 머리에 두르고 스스로를 '황건군'이라고 불렸다. 한조의 시설과 관리에게 가차 없는 공격을 가해 조정이 '적(도둑)'이라며 두려워했다.

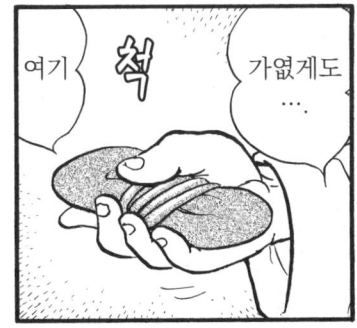

나라는 쇠약해지고, 황건적은 멋대로 날뛰고 조정, 관리, 관병들은 힘이 없는 이 한이라는 나라는 머지않아 멸망하는 건가…

황건적은 당초 영약의 처방을 손에 넣고 결기한, 농민들의 병을 주술로 고치는 황건당이라는 종교 단체였다. 하지만 유주, 기주, 청주, 서주로 세력을 확장함에 따라 한 왕조 타도를 기치로 한 반란군으로 바뀌어 약탈 등 난폭한 행위를 거듭했다.

흑흑.

…아아 누군가 이 나라를 구할 사람이 나타나면 좋으련만… 내가 힘이 있었다면…!

* **장보·장량** 장보는 장각의 첫째 동생, 장량은 장각의 막냇동생으로 장보는 지공장군, 장량은 인공장군으로 불렸다. 세 사람은 기주(冀州)의 거록군(지금의 하북성 평향현 부근) 출신이다.

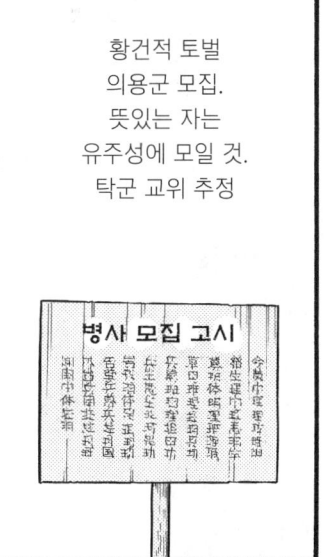

*유주·기주·청주·서주 　유주는 지금의 북경시, 천진시, 하북성 북부, 요녕성 남부, 한반도 북서부 지역. 기주는 지금의 하북성 중남부를 중심으로 한 지역. 청주는 지금의 산동성 북동부를 중심으로 한 지역. 서주는 지금의 산동성 남동부와 강소성의 장강 이북 지역을 가리킨다.

* 교위(校尉) 한대(漢代)에서는 장군 다음으로 지위가 높은 고급 군인을 가리킨다. 또 소수민족이 거주하는 지역의 장관을 교위라 부르는 경우도 있었다. 교위라는 호칭은 당과 명, 청대까지 사용됐으나 시대가 흐를수록 지위가 낮아져 당나라 때는 200명 전후를 지휘하는 자의 호칭으로 사용되었다.

* **짚신장수** 『삼국지』에서 유비는 "어머니와 함께 짚신을 팔거나 멍석을 짜서 생계를 꾸려갔다"고 나온다. 몰락했다고는 하지만 유비의 가계는 대대로 탁현에서 살았는데, 할아버지 유웅은 범현(연주의 동부)의 현령이었고 아버지 유홍도 작은 벼슬을 했다.

좋은 검을 가지고 있군.

훗! 짚신 장수 치고는

후후

***장팔사모** 모는 대나무 또는 몽둥이 끝에 폭이 넓은 양날을 붙여서 만든, 상대를 찌르기 위한 무기를 말한다. 끝이 뱀처럼 구불구불한 모양은 특히 사모라고 불렸다.

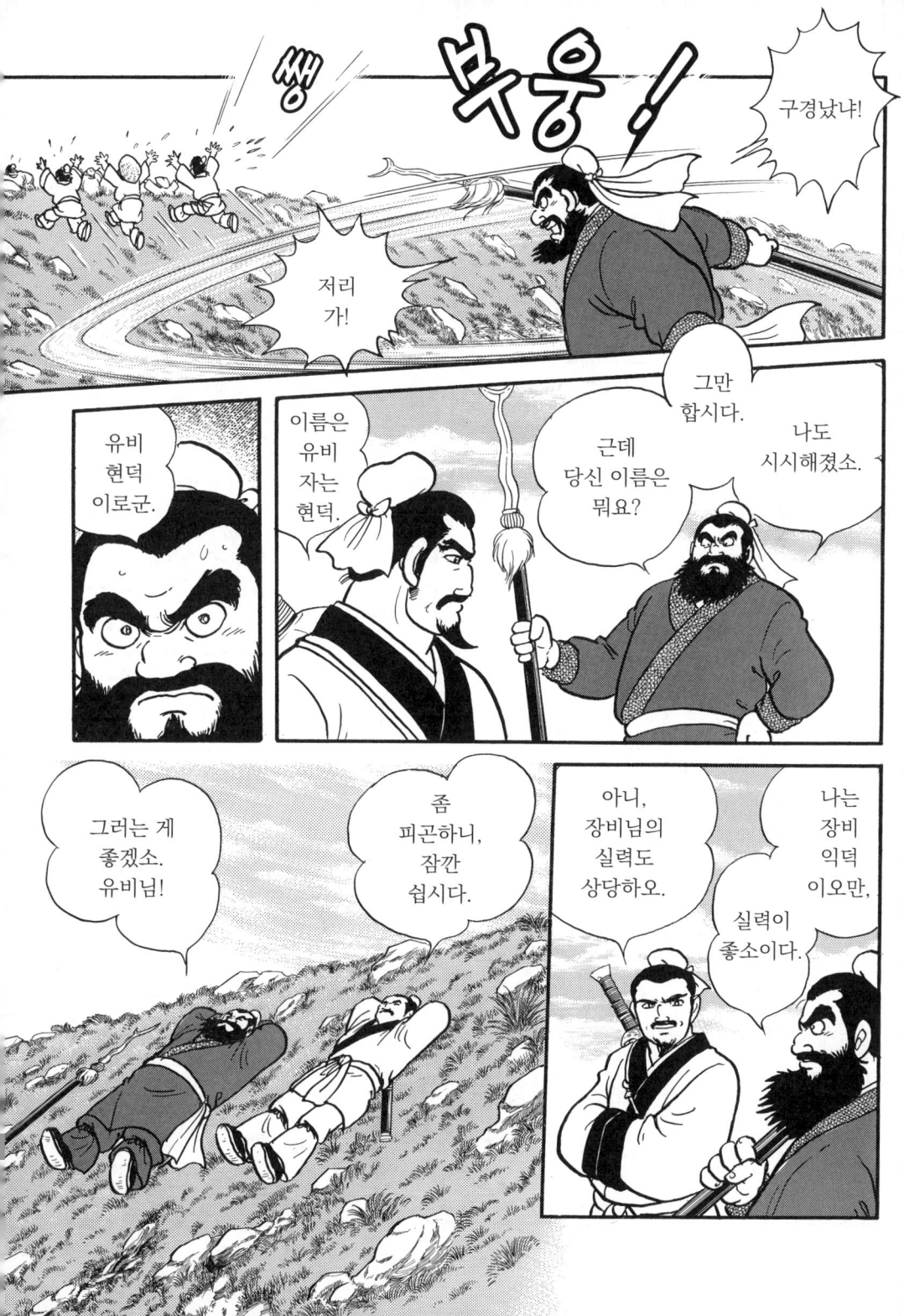

* 창천이사(蒼天已死) 황천당립(黃天當立) 세재갑자(歲在甲子) 천하대길(天下大吉) 푸른 하늘은 한 왕조를 가리킨다.
황건적은 이 문구를 퍼뜨리는 것 외에도 '갑자'라는 두 글자를 써서 집안 문설주에 붙여 집집마다 장각의 이름을 기리게 했다.

*검 대체로 1m 미만의 양날이 있는 무기. 신화시대부터 등장하는 대표적인 무기로 오랜 옛날에는 청동제였으나 전국시대부터 철제 검이 사용되었다. 특히 잘 들고 정교한 검은 '보검'이라 칭했다.

* 중산정왕 유승 전한의 제6대 황제인 경제의 아들. 중산국은 유승이 통치하던 곳으로 기주 북부에 있다. 주 경계를 사이에 두고 유비의 출신지인 유주 탁군과 인접해 있다.

유비, 관우, 장비
세 사람의 긴 여행이
지금 시작된다!!

*술의 종류(1) 후한~삼국시대의 술은 모두 양조주로, 지금의 황주(소흥주 등)에 가까운 양조법으로 만든 술을 즐겨 마셨다. 증류주(소주)가 만들어진 것은 남송(1127~1279년) 이후다.

* **술의 종류(2)** 곡류를 원료로 한 술 외에 후한~삼국시대에는 포도주도 마셨다. 영제 시대에 권력을 잡은 환관 장량에게 1곡(斛, 다섯 말)을 바쳐서 순주(淳州) 자사직을 얻었다는 내용이 북송시대의 서적 「태평어람」에 기록되어 있다.

* 황건당 조정에 반기를 든 태평도(도교의 하나)의 반란 세력. 들고 일어난 신도들이 머리를 누런 두건으로 감싸고 있어서 이런 이름이 붙었다. 황건적, 황건군이라고도 한다.

* **장세평(張世平)** 중산 출신의 거상. 중산국은 유비의 선조 중산정왕 유승의 봉지(封地). 장세평은 소쌍과 함께 말 장사를 위해 중산과 탁군을 오가다가 유비의 인물 됨됨이를 보고 원조했다(「삼국지」 「촉서선주전」).

* 술과 돼지를 파는 상인 『삼국지연의』에 따르면 장비는 대대로 탁군에서 술과 고기를 파는 장사를 했다고 한다. 장비의 가게가 있었던 곳은 누상촌에서 1km 정도 떨어진 장비점촌(충의점촌)이라 한다. 장비가 사용했다고 전해지는 오래된 우물이 남아 있다. 『삼국지연의』에는 도원결의가 여기서 행해진 것으로 되어 있다.

* **해량현** 정확히는 해현. 사례의 하동군 남부. 지금의 산서성 임의 부근. 동측의 운성시 해주에는 관제묘(關帝廟, 관우의 위패를 모신 사당 - 역자 주)가 있고, 그 10km 남쪽의 상평촌에는 관제조사(關帝祖祠, 관우의 집안 묘지 - 역자 주)가 만들어졌다. 이곳이 관우의 출신지라고 전해진다.

* **누상촌(楼桑村)** 유비의 생가가 있었다고 전해진다. 지금의 탁주 시가지에서 약 10km. 『삼국지』에 따르면 집 근처에 높이 5장(丈, 약 11.5m. 후한의 1장은 약 2.3m)의 뽕나무가 있어서 사람들이 "이 집에서 귀인이 나올 것이다"라고 말했다고 한다.

그럼
오늘 우리 세 사람
형제의 의를 맺겠소.
좋소!
우리들 유비, 관우, 장비 세 사람.
성은 다르지만 형제의 의를 맺음으로써 마음을 하나로 하여
위로는 한조의 은덕에 보답하고 아래로는 백성을 평안하게 할 것을 선언합니다.
우리 셋은 태어난 날은 다르지만, 바라옵기는 같은 해 같은 달 같은 날에 죽겠습니다!
천지신명이시여! 우리가 결의를 배신하지 않게 굽어살피소서!

*술의 양조 전한의 무제 시대, 전한 3년(기원전 98년)에 술은 소금, 철과 함께 전매되어 민간에서 양조 및 판매할 수 없었다. 이 제도는 후한에 들어와 대부분 폐지되었다.

* **신분 고하를 막론하고 즐기는 술자리** 신분 고하에 상관없이 평소의 예절을 버리고 여는 주연. 군대에서의 주연은 인물 감정에도 자주 이용되었다. 『제갈량집』에는 부하의 성격을 판단하기 위해 "술에 취하게 하여 그 본성을 관찰한다"고 기록되어 있다.

자, 마셔라 마셔!

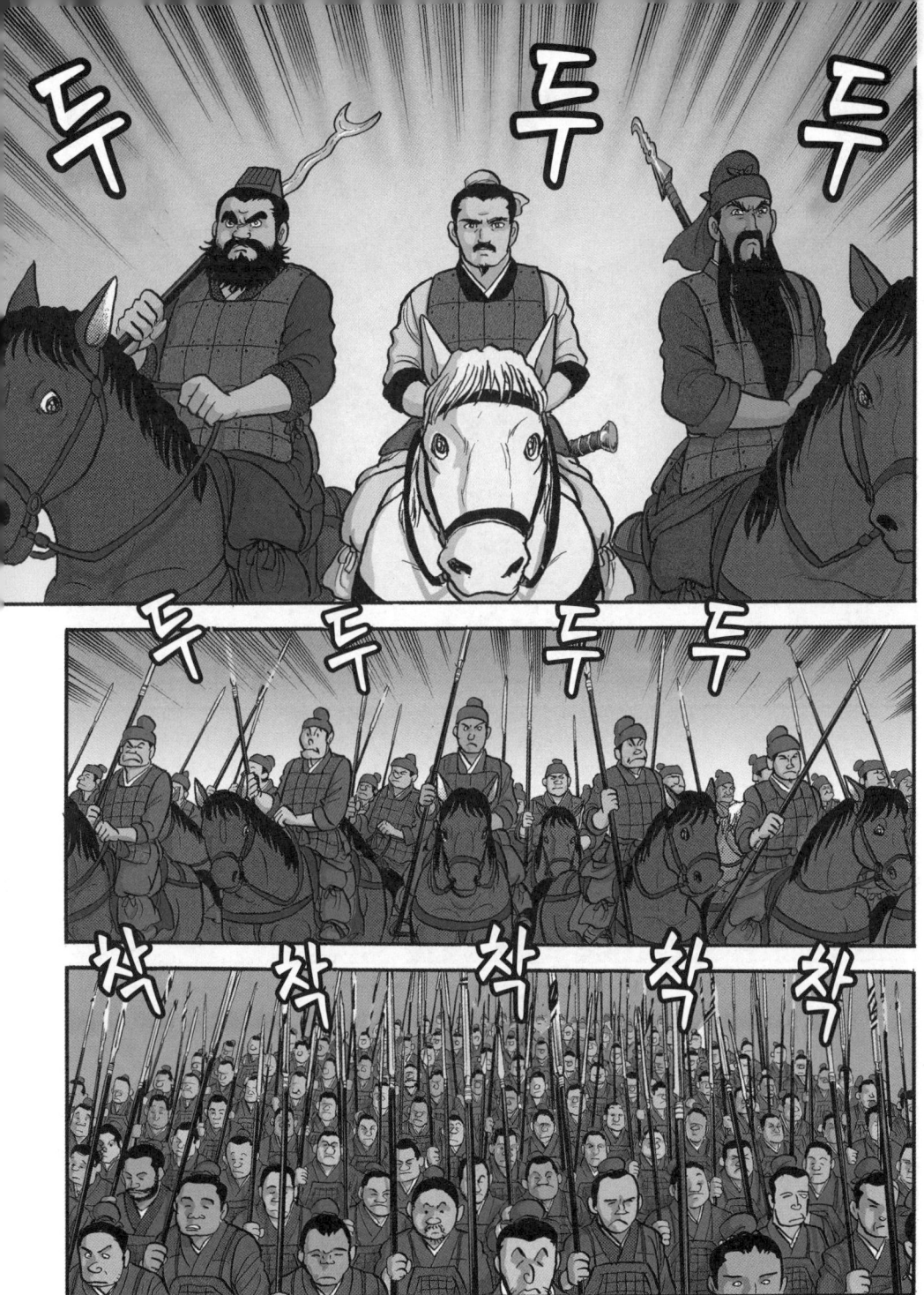

* 주준(朱儁) 출생연도 미상~195년. 자는 공위(公偉). 황건적의 난 때 중랑장으로 진압에 참여했다.

* 손견(孫堅) 156~192년. 자는 문대(文臺). 양주(陽州)의 오군 부춘(지금의 절강성 부양시) 출신. 황건적의 난 때는 주준 밑에서 좌군사마로 일했다.

*사시(巳時) 오전 10시. 고대에는 시간을 표시할 때 십이지를 사용했다. 하루를 12등분하여 오전 0시인 자시(子時)부터 시작해 축시(丑時, 오전 2시), 인시(寅時, 오전 4시), 묘시(卯時, 오전 6시) 이렇게 2시간 단위로 표시했다.

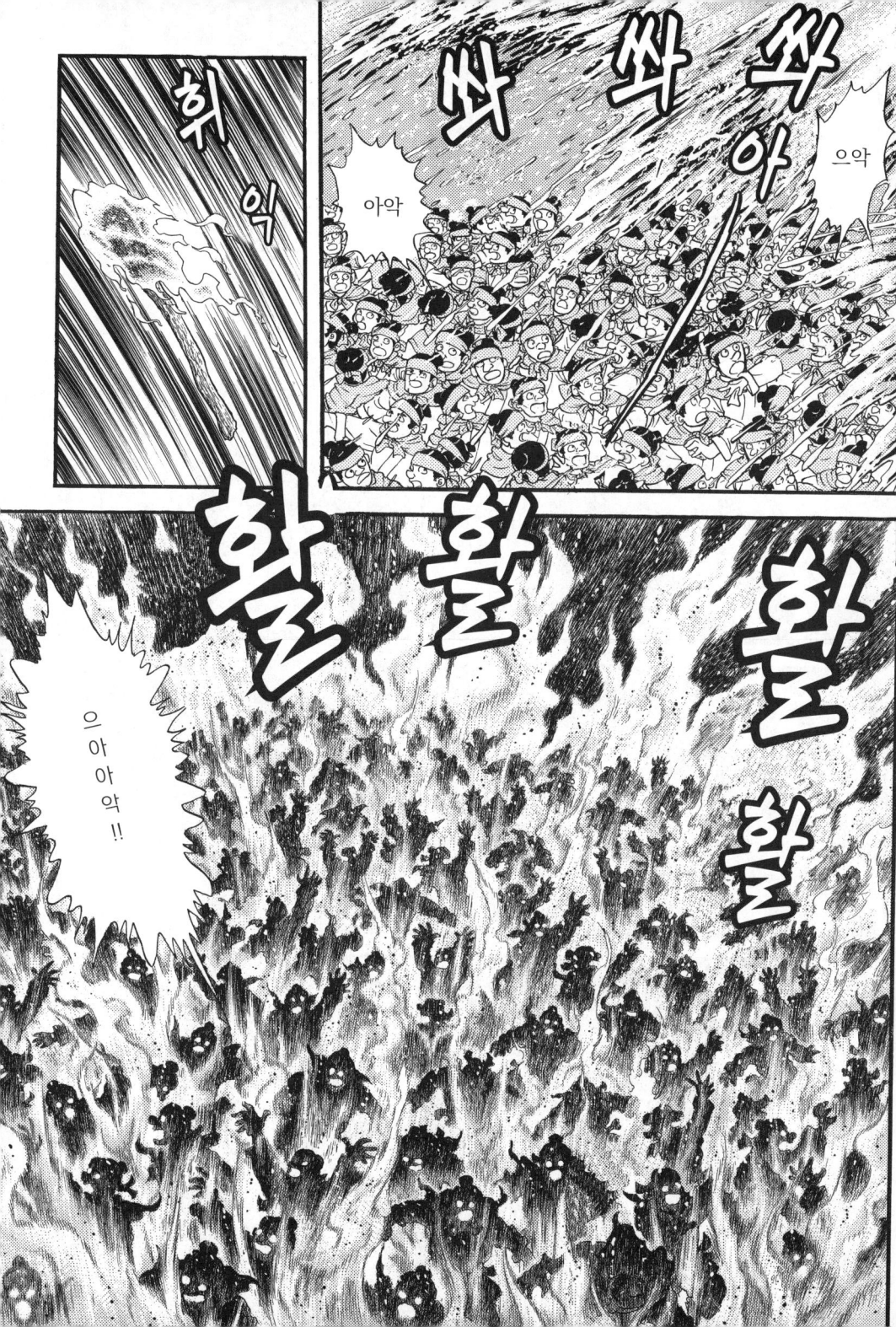

관군이 한의 수도 낙양에 개선한 것은 한겨울이었다.

민중은 환호로 그들을 맞이했다.

* 낙양(洛陽) 후한의 수도. 지금의 하남성 낙양시. 당시는 낙양(雒陽)이라고 표기했다. 서주, 진~전한~신(新) 때의 수도는 장안(서주는 호경, 진은 함양으로 각각 장소는 달랐다)이었으나 후한을 건국한 광무제는 동주 시대의 수도였던 낙양을 수도로 삼았다.

* 장양(張讓) 출생연도 미상~189년. 후한말의 환관. 예주의 영천군 출신으로 영제 때 중상시(황제의 시종)가 되었다. 열후에 봉해지는 등 권세를 남용해 '조정을 좀먹는 나쁜 환관'의 대표로 꼽힌다.

* **안희현(安熹縣)** 기주의 중산국에 있는 현. 지금의 하북성 정주시 남동. 후한부터 위까지 안희(安熹)라고 표기되었으나 서진이 된 후 안희(安喜)로 개칭되었다.

91 *관가 관가나 군영의 문을 당시는 아문이라고 불렀다. 아기(상아로 장식한 장군의 대기)를 게양한 문을 아문이라고 하는데 본래는 군영의 문을 가리켰으나 나중에는 문관의 관가도 포함하여 아문이라고 불리게 되었다.

* 후궁 황제의 황후, 측실 등이 생활하는 구역.
* 십상시(十常侍) 영제 시대의 환관 그룹.

하진의 명령에 따라 오에서는 태수 손견, 광릉에서는 중랑장 노식, 서량에서 자사 동탁 그리고 전군교위 조조 등이 속속 낙양으로 모여들었다.

하진은 영제가 죽자 근위병 5천을 이끌고 조카 변황자(소제)를 황제의 자리에 앉혔다. 하지만 십상시들은 하진이야말로 자신들의 적이라고 여겼다.

* 태수(太守): 군(郡)의 장관. 행정·사법·군사의 권한을 쥐고 군내 순찰, 지방 관리 감독, 농업의 생산 관리, 군내 민사소송 및 형사사건의 재판 및 폭동 진압과 치안유지도 담당했다.

*중랑장(中郞將) 관록훈(황제의 경비 담당 대신)에 속한 무관으로 오관, 좌, 우, 우림, 호분, 남, 북 등의 중랑장이 있었다. 나중에 장군 밑에 위치한 무관, 문관의 관명으로도 사용되었다.

*자사(刺史) 주의 장관. 주내를 순찰하고 군의 태수와 봉국(封國)의 상(相)을 시찰, 감독한다. 한곳에 상주하는 것이 아니어서 치소(治所)는 두지 않았다. 후에 권한을 대폭 강화한 주목(州牧)이 된다.

* **소제(少帝)** 170~189년. 이름은 유변. 영제와 하태후 사이에서 태어나 하태후의 배다른 오빠인 백부 하진의 후원으로 중평 6년(광희 원년, 189년)에 즉위했다. 유협(후에 헌제)의 배다른 형.

* **동탁(董卓)** 출생 연도 미상~192년. 자는 중영(仲穎). 양주(涼州)의 농서군 임조현(지금의 감숙성 민현) 출신. 병주목(『삼국지연의』에서는 서량 자사)일 때 하진의 부름에 응하여 낙양에 올라가 혼란 중에 소제와 진류왕(헌제)을 보호하여 조정의 실권을 쥐었다.

111 ***장군(將軍)** 무관의 최상급에 위치한 관료로 후한에서는 표기장군, 거기장군 등 상설 장군과 구체적인 임무를 나타내는 잡호장군(파로장군 등) 두 종류가 있었다.

서량자사 동탁은 20만의 군사와 소제, 협황자를 이끌고 낙양에 입성했다.

그에 비해 조조, 손견, 원소 등이 이끄는 제후군은 5만으로 동탁의 우위가 명백했다.

* **서량(西凉)** 정확히는 양주. 후한 시대에는 지금의 감숙성 영하 회족자치구를 중심으로 한 지구. 위나라 때는 대체로 황하 이남 지구가 옹주(雍州)에 편입되고 황하 이북이 양주가 되었다.

*정원(丁原) 출생연도 미상~189년. 자는 건양(建陽). 출생지 불명.

* 여포(呂布) 출생연도 미상~198년. 자는 봉선(奉先). 병주의 오원군 구원현(지금의 내몽고 자치구 포두시) 출신. 정원이 기용하여 아꼈다. 정원이 기도위가 됐을 때, 여포는 주부(사무관)에 기용되었다.

* **이숙(李肅)** 출생연도 미상~192년. 여포와 같은 오원군 출신으로 동탁이 권력을 장악했을 무렵에는 기도위(근위기병대장)를 맡고 있었다.(『삼국지연의』에서는 호분중랑장).

* **옛 친구** 여포와 이숙은 병주 오원군 출신으로 『삼국지연의』에서는 이숙이 여포를 동생이라 부르고, 여포는 이숙을 형님이라 했다.

*적토 동탁이 여포에게 보낸 명마. 당시에도 적토의 이름이 알려져 있어서 『삼국지』「위서 여포전」에는 "사람 중에 여포, 말 중에 적토"라고 했다.

* 정원과 여포 『삼국지』「위서 여포전」에는 정원이 여포를 몹시 아꼈다는 내용은 있으나 양아버지, 양아들이었다는 기술은 없다.

* **왕관** 황제가 쓰는 예모는 면(冕)이라 하고 주옥을 한 줄로 죽 이은 유(旒)를 12줄 늘어뜨리고 있다.

새 황제 즉위식이 별탈 없이 끝났습니다.

선정을 베풀어 주옵소서!

폐하, 한나라를 위해

감축 드리옵니다!

폐하

* **즉위 의식** 즉위하는 날 새로운 황제는 옥좌에서 백관의 배하(拜賀)를 받고, 조칙이 내려온 후에 백관은 '만세'를 부른다.

131　　＊**동탁의 행동거지** 헌제를 옹위하여 최고 권력자가 된 동탁의 행동이 『삼국지』「위서 동탁전」에는 황제를 배알할 때도 이름을 대지
　　　　않고 검을 차고 신을 신은 채 전각에 오르는 것이 허락되었으며, 창고의 무기나 보물을 자신의 것으로 했다고 기록되어 있다.

*양자(養子) 여포가 정원을 죽이고 동탁 밑으로 오자 동탁은 그를 기도위로 임명했다. 동탁은 여포를 신뢰하여 중요한 자리를 맡기고 부모 자식의 연을 맺었다(「삼국지」 「위서 여포전」).

* **사도(司徒)** 삼공의 하나로 민정을 담당한다.

* **왕윤(王允)** 137~192년. 자는 자사(子師). 병주의 태원군 기현(지금의 산서성 기현) 출신. 젊어서부터 인재로 알려져 19세에 군사가 되었고, 황건적의 난 때는 예주 자사로서 진압에 공헌했다. 헌제 즉위 후 동탁 밑에서 사도, 상서령(황제의 정무 보좌관)을 맡았다.

* **진궁** 출생연도 미상~198년. 자는 공대(公臺). 연주의 동군(지금의 하남성 복양시 부근) 출신. 언제부터 조조를 섬겼는지는 알 수 없지만, 나중에 조조가 출정할 때 근거지를 지키는 임무를 맡기는 등 출신 조조의 신뢰를 받았다.

* **여백사(呂伯奢)** 성고(지금의 하남성 형양현 사수진) 사람으로 조조의 아버지 조숭의 오랜 지인이었다.
* **조숭(曹嵩)** 출생연도 미상~193년. 자는 거고(巨高). 조조의 아버지. 영제 시대에 태위(최고사령관)를 지냈다.

*내가 세상 사람들을… 이 대사는 『삼국지』「우서 무제기(武帝紀)」에 나온다. 여백사의 집안사람들을 오해해서 죽인 뒤 조조는 "내가 남을 배신할지언정 남이 나를 배반하게 하지 않겠다"는 혼잣말을 하고 출발했다고 한다.

* 간웅(奸雄) 조조는 젊은 시절 유명한 관상쟁이에게 자신의 관상을 보게 했다. 이때 "당신은 치세의 능신, 난세의 간웅"이라고 조조를 평가했다. 이 말을 듣고 조조는 유쾌하게 웃었다고 한다.

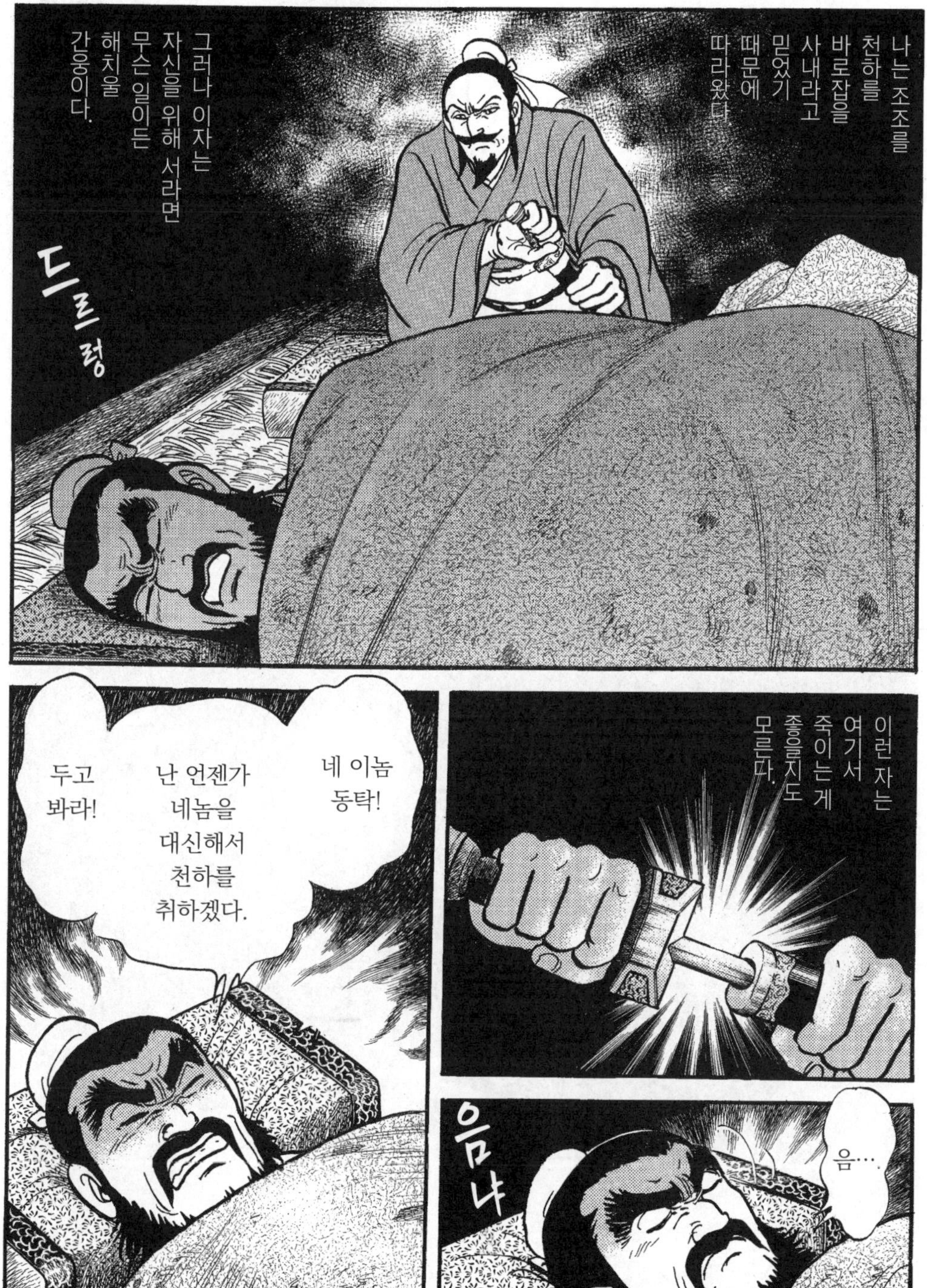

* 위홍(衛弘) 조조가 병사를 일으킬 때 자금을 원조한 진류의 대부호. 「삼국지연의」나 요시카와 에이지의 「삼국지」 등에만 나오는 인물로 정사에는 등장하지 않는다. 정사의 기술에는 가산을 털어 조조를 원조한 사람이 진류 태수 장막(張邈)의 부하 위자(衛玆)로 되어 있다.

* **발해 태수 원소(袁紹)** 발해군은 기주 동부(지금의 천진시 산동성 북부). 원소는 낙양 탈출 전에는 중군교위였으나 동탁이 원소를 회유하기 위해 발해 태수로 임명했다(정사).

대상인 위홍을 설득해 손에 넣은 큰도을 자본으로 군웅에게 거짓 칙서를 보내자 발해 태수 원소, 그의 사촌 남양 태수 원술, 장사 태수 손견, 서량 태수 마등 등 십수 명의 유력자들이 속속 모여들었다.

참으로 고맙소.

북평 태수 공손찬 공도 와주셨소.

오 오

* **거짓 칙서** 「삼국지연의」에는 칙서를 각지에 배부한 사람이 조조로 되어 있으나, 정사에는 교모(喬瑁)로 되어 있다.

* **장사 태수 손견(孫堅)** 장사군은 형주 중부 동원호의 남쪽, 지금의 호남성 장사시를 중심으로 한 지역. 손견은 중평 4년(187년)에 장사 태수가 되어 주변 호족의 반란을 진압하는 등 활약을 펼쳐 조정으로부터 오정후에 봉해졌다.

찬성이오!

원소 공이 적임자라 생각되오.

여기엔 집안으로 봐도

우선 총대장을 정해야 하는데

모두 모였으니

그럼

찬성이오!

손견 문대에게 맡겨주시오.

사수관은 나

호로관을 돌파해야만 하오.

낙양을 치려면 사수관,

총대장은 원소 공으로 하는 게 당연하고,

어떻소, 여러분!

나 원소도 총대장으로서 그리 생각하고 있었소이다.

* **북평 태수 공손찬** 북평은 당시의 구분으로는 우북평군이라고 한다. 지금의 하북성 북동부. 공손찬은 하북평군의 동쪽에 있는 요서군 영지현 출신.
* **원소의 집안** 원가는 4대에 걸쳐 사도, 사공, 태위 즉 3공을 배출한 명문가였다.

* 사수관(汜水關)·호로관(虎牢關) 낙양 동쪽에 위치한 관문. 『삼국지연의』에는 사수관과 호로관이 다른 장소인 것처럼 되어 있으나 실제로는 같은 곳이다.

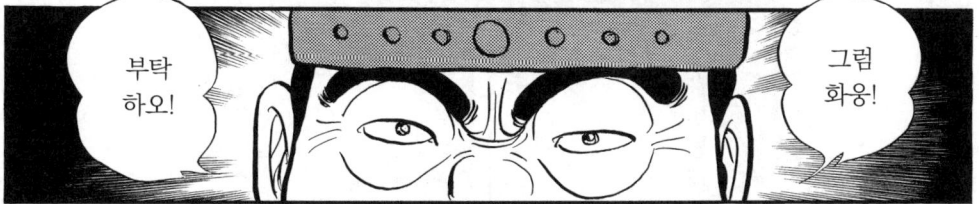

* 화웅(華雄) 출생연도 미상~191년. 동탁의 부하로 『삼국지연의』에서는 효기교위에 임명된 뒤 5만의 보병과 기병을 이끌고 사수관의 수비에 임했다고 한다. 『삼국지』 「오서 손견전」에 따르면 양인(陽人)의 싸움에서 손견에게 격파당해 참수되었다.

*해치우겠습니다 관우가 이름을 밝히고 나섰을 때 원소가 관우의 관직을 물었다. 관우가 마궁수라고 대답하자 원소는 "일개 마궁수 주제에…"라고 화를 냈으나 조조가 진정시켰다(『삼국지연의』).

*여포와 유비·관우·장비의 대결 『삼국지연의』에서는 장비가 싸우는 모습을 옛 사람이 시로 "호랑이 수염을 곤두세우니 금실처럼 나부끼고, 고리눈을 부릅뜨니 전광이 이는 듯하다"고 썼다.

챙—!! 챙

이야압!

얏!

장비!

유비 형님과 나도 돕겠다!

셋을 한꺼번에 죽여주마!!

다 덤벼라!

* "천하에 조홍은 없어도 되지만 조조는 없으면 안 된다." 형양(滎陽) 전투에서 조조의 말이 쓰러졌을 때 조조의 사촌동생 조홍은 이렇게 말하며 말을 내주어 조조를 구했다(『삼국지연의』).

*원소의 기주 침공 당시의 기주목은 한복이었는데, 원소는 상당히 악랄한 방법으로 한복에게서 기주목의 지위를 빼앗았다.

낙양이 재로 변하자 동탁을 토벌하려는 여러 장군들의 전의도 사라졌다. 그들은 제각각 본거지로 되돌아갔다.

총장군의 지위에 있었던 원소는 실의에 빠져 북국 발해로 향했으나 3만 대군을 거느렸기 때문에 식량 부족으로 고통받고 있었다.

기주

이 기주를 빼앗아 배고픔을 채울까?

어떠냐, 문추!

주군! 병사들이 모두 굶주리고 있습니다.

* **조운과의 이별** 『삼국지』「촉서 조운전」에 따르면 유비는 공손찬 밑에 있던 조운을 높이 평가했다. 조운은 형의 상을 당해 귀향하며 유비의 손을 잡고 "베풀어주신 덕을 절대 배신하지 않겠습니다"라고 했다.

한편, 오나라 손권은 오랜 숙적 형주의 유표를 공격하기 위해 장강을 거슬러 올라가고 있었다. 17세의 장남 손책도 함께였다.

장강(양자강)

오나라 군사는 유표가 거주하는 양양성을 포위했다.

* **손견의 유표 공격** 손견이 낙양에서 옥새를 발견한 후 그 소유를 둘러싸고 손견과 원소는 격렬히 대립한다. 원소는 유표에게 돌아가는 손견을 공격하게 하고 손견은 참패를 당한다. 「삼국지연의」에 따르면 이 일로 손견과 유표는 원수가 되었다고 한다. 실제로 유표 공격은 원술이 손견에게 명령했다.

* **손견의 최후** 양양성의 포위망을 돌파하고 현산으로 숨은 것은 유표의 무장 황조로, 복병으로 손견을 쏴 죽였다고 한다(『삼국지』). 같은 정사에 여공이 현산에서 돌을 굴려 손견을 깔려 죽게 했다는 설도 있다.

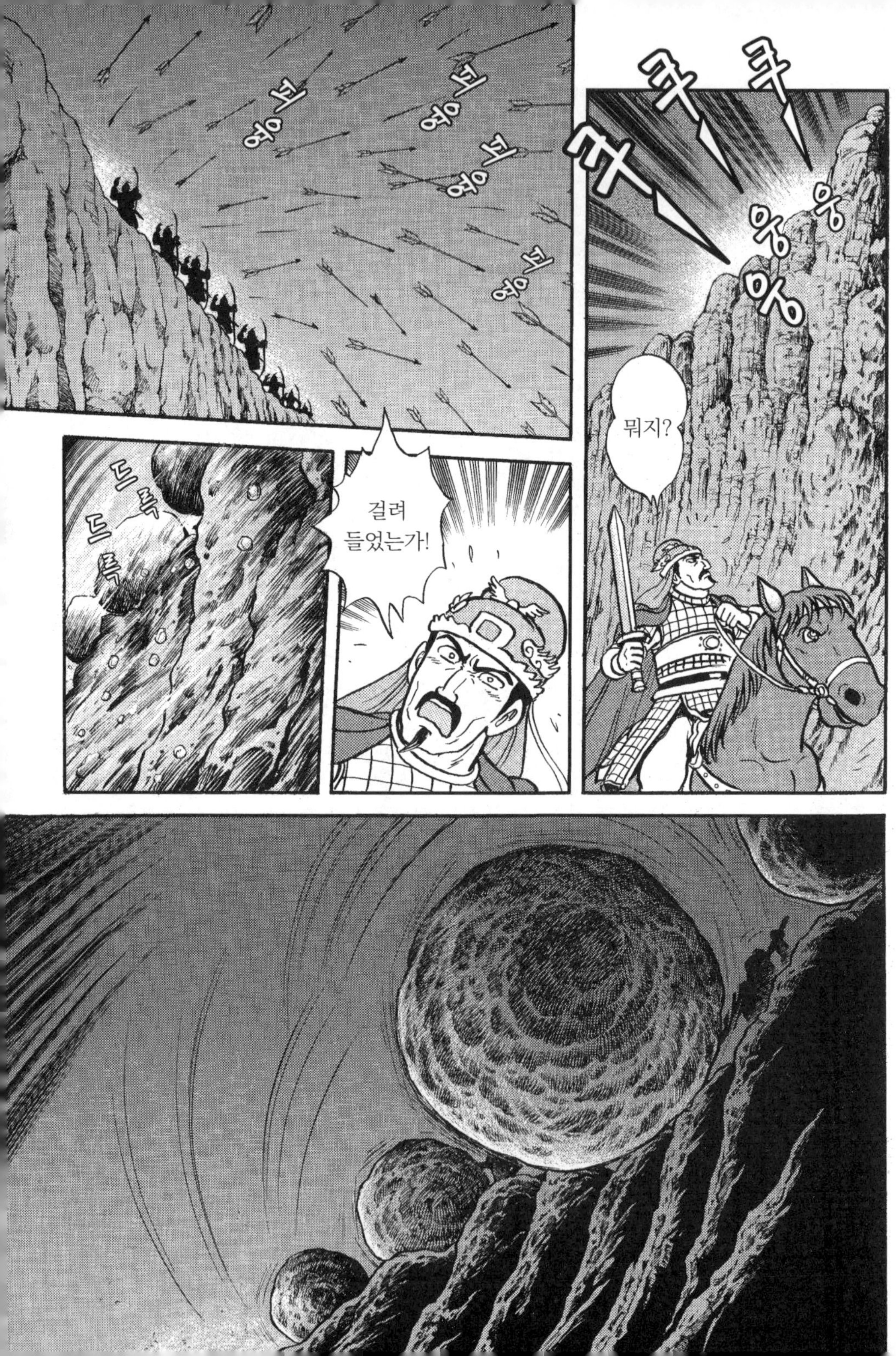

뭐지?

걸려 들었는가!

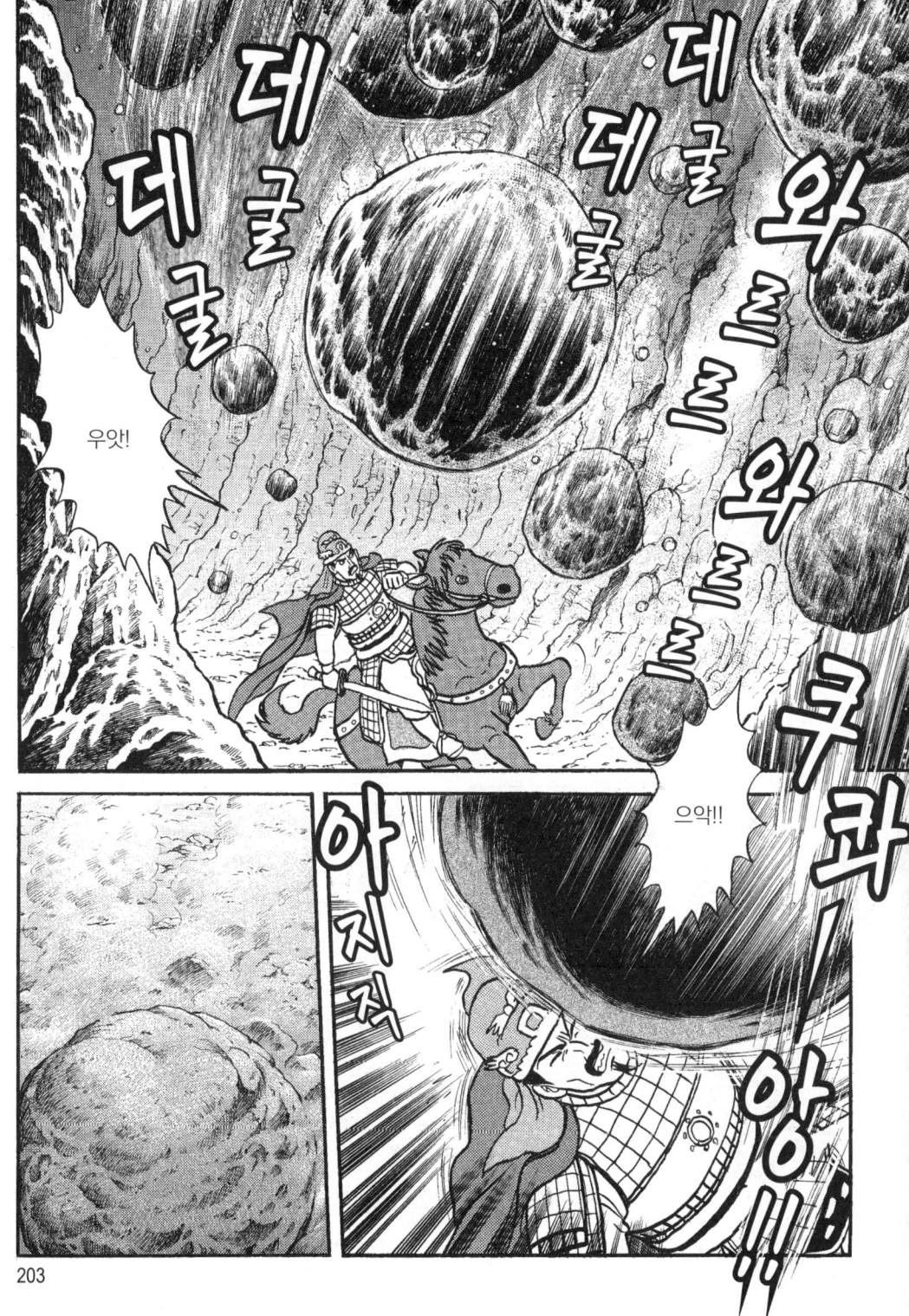

* 초선(貂蟬) 왕윤의 수양딸. 가기(歌妓). 연환계에 의해 동탁과 여포를 이간질시켰다. 정사에는 초선의 이름이 없고, 『삼국지연의』의 토대가 된 『삼국지평화』 등에서 창작되었다.

* **동탁의 마차** 『삼국지』「위서 동탁전」에 따르면 동탁은 원래 황제나 황태자가 사용하는 푸른 덮개와 금꽃 장식이 달린 마차를 탔다. 마차의 양쪽 번에는 짐승의 발톱 모양을 그린 문양이 새겨져 있어 장안 사람들은 이 마차를 '간마거(竿摩車)'라 불렀다.

옛말에도 덕이 없는 자는 덕이 있는 자에게 양보한다고 하지 않았습니까!

제가 감히 거짓을 말하겠습니까?

그게 사실이오? 왕윤 사도!

좋소. 그렇게 된다면 최대 공로자는 왕윤 사도요.

미리 축하하기 위해 제 집의 무희 초선의 춤을 보여드리려 합니다만….

좋소이다.

왕윤은 즉시 움직였다. 천자의 지위를 물려준다는 칙서에 동탁은 기쁨의 눈물을 흘리며 왕궁으로 달려갔다.

마차를 수행한 사람은 겨우 30명 정도였다.

***불길한 징조** 동탁이 왕윤에게 속아서 입궐했을 때, 우선 타고 있던 마차의 바퀴가 부러져 마차를 바꿔 타고 갔는데 이번에는 말이 고삐를 잡아당겨 끊었다. 동탁은 불길한 징조가 아닌가 의심했으나 그때마다 같이 가던 이숙(여포와 공모했다)이 진정시켰다고 한다(『삼국지연의』).

동탁의 시체는 장안 거리에 전시되었다. 감시병이 배꼽에 심지를 꽂고 불을 붙이자 다음 날까지 탔다고 한다.

때는 동탁 54세, 초평 3년(192년)의 일이었다.

제11장 조조의 대두 (1)

동탁이 살해된 후에도 그의 부하 이각과 곽사의 대군이 여포군을 쫓아 버리고 왕윤을 학살하며 장안을 점령했다. 그리고 그들은 동탁을 대신해서 권력을 독점했다.

"동탁 이놈! 그렇게 우리를 괴롭히더니!"

"맛 좀 봐라!"

탁

서량의 마등, 병주의 한수 등이 장안을 공격했으나 패배하고 여포는 원술에게로 달아났다. 하지만 수도의 정치가 혼란한 틈을 타서 청주의 황건적 잔당 30만이 반란을 일으켜 연주를 공격했다.

"거역하는 자는 죽여라!"

"연주를 취하라!"

와! 와! 와!

---

*이각(李傕)·곽사(郭汜)의 권력 장악 동탁이 살해된 후 이각과 곽사는 군대를 해산하고 고향으로 달아나려 했으나 당시 동탁의 사위 우보(牛輔)의 휘하에 있던 토로교위 가후(賈詡)가 장안을 공격하고 천자를 받들자고 건의함에 따라 군을 돌려 장안을 제압했다(『삼국지』「위서 가후전」).

두두 두두

모두 해치워라!

황건적의 잔당 따위 오합지졸의 농민병사다.

연주목 유대는 허망하게 전사했고, 그 후임인 조조가 황건적과 맞서 싸웠다.

조조는 백 일에 걸쳐 황건적을 제압한 뒤 날래고 용맹스러운 병사는 모두 자신의 군에 넣어 청주병이라 불렀다.

우금

순욱

전위

곽가

그의 휘하에는 순욱·곽가 등의 참모와 우금·전위 등의 용장이 모여들었다.

*청주병(青州兵) 조조가 청주 황건적의 항복하는 병사 중에서 선발한 정예부대.

*응소(應劭) 출생연도 사망연도 미상. 영제 때 등용되어 태산 태수로 일했다. 조숭이 살해되자 조조의 보복을 두려워하여 원소 진영에 가담해서 군모교위가 되었다.

* **도겸(陶謙)** 132~194년. 자는 공조(恭祖). 양주의 단양군 출신으로 유주 자사, 의랑(황제의 정무보좌관) 등으로 일했다. 황건적의 난이 일어났을 때 서주 자사가 되어 황건적 진압에 공헌한 뒤 서주목에 임명되었다(『삼국지』「위서 도겸전」).

* **조숭의 죽음** 조숭 살해범은 장개로 되어 있으나 도겸의 명령이었다는 설도 있다.

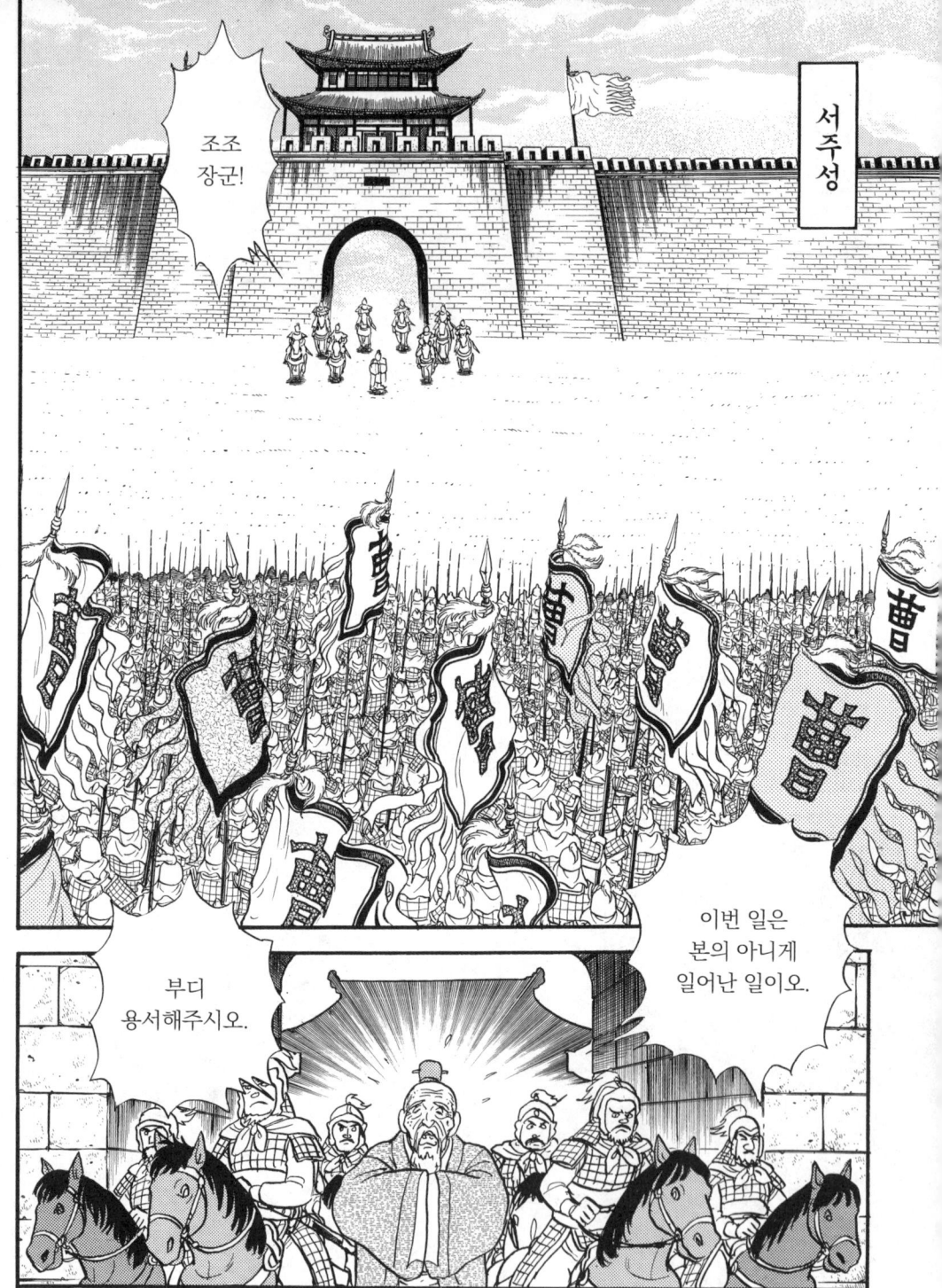

누가 저 도겸을 잡아와라!

네놈이 무슨 말을 하든 내 아버지는 돌아오시지 않는다.

늙은이가 뭐라고 지껄이는 거냐!

후퇴 후퇴!

아앗!

펑 펑 펑

그러면 백성들도 슬퍼할 겁니다.

그런 걸로 군을 후퇴시킬 조조가 아닙니다.

아니

나는 갈기갈기 찢겨 죽더라도 서주 백성들은 살려야겠다!

조조의 광기를 잠재우기 위해 내 몸을 묶고 조조 앞으로 가겠다.

"그럼 어떡하면 미축! 좋겠는가?"

"조조를 물리치는 것 외에는 방법이 없습니다."

"북해의 공융과 청주의 전해의 원군을 얻어"

"그렇다면 즉시 두 사람에게 편지를 전하라."

소식을 들은 공융은 즉시 평원을 다스리는 유비에게 원군을 부탁했다.

"나는 결심이 섰다만, 너희는 어떠냐?"

"공융 태수는 공자의 20대 손."

"『논어』에서 공자는 "의를 보고도 행하지 않으면 용기가 없는 것"이라고 했습니다."

"도울 수밖에 없습니다."

* **미축(糜竺)** 출생연도 사망연도 미상. 자는 자중(子仲). 서주의 동해군 구현(지금의 강소성 연운항시) 출신.

* **유비와 서주** 유비가 도겸을 돕기 위해 갔을 때 도겸은 유비에게 단양의 병사 4천을 주었다. 이로 인해 유비는 전해를 떠나 도겸에게 몸을 의탁했다.

유비는 부득이 서주에서 가까운 소패라는 작은 성에 머무르면서 서주를 지켜보기로 했다.

그러나 도겸은 오늘내일하는 상태가 되어 다시 유비를 불렀다.

색 색

부탁 하오!

서주 백성들도 진심으로 당신의 통치를 원하고 있으니

도겸 공….

유비 공이 서주를 맡아주지 않으면 나는 죽어도 눈을 감을 수 없소.

색 색

* **소패(小沛)** 정확히는 패현. 지금의 강소성 패현. 전한을 세운 고조 유방의 출신지로 알려졌다. 참고로 조조의 출신지인 초현(譙縣)도 같은 패현(예주)에 속해 있다.

244

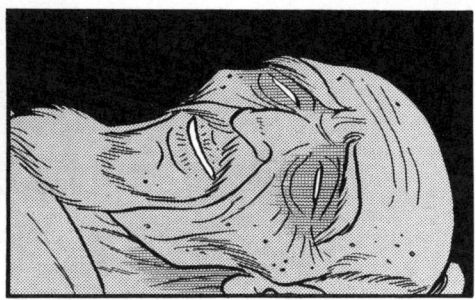

* **짐승만도 못한 짓** 여포가 유비에게 몸을 의탁하기 약 2년 전인 193년에 조조는 아버지의 복수를 위해 서주를 침공, 많은 주민을 학살했다. 이때 서주를 돕기 위해 갔던 유비는 도겸으로부터 서주목의 지위를 물려받았다.

장안성

놈들이 동탁보다 악랄하지 않는가?

이각과 곽사의 전횡을 보고도 한마디도 못하다니….

폐하! 안색이 나쁘십니다. 무슨 일이…?

신도 그 점을 걱정하고 있습니다.

* 이각과 곽사의 전횡(專橫) 『삼국지』「위서 동탁전」에 따르면 이각은 거기장군·지양후·사예교위, 곽사는 후장군·미양후가 되어 역시 동탁의 부하였던 번조(우장군·만년후)와 함께 조정을 마음대로 움직였다고 한다. 또한 『삼국지연의』에서는 이각을 대사마, 곽사를 대장군으로 쓰고 있다.

252

* 양표(楊彪) 142~225년. 자는 문선(文先). 후한 안제(安帝)가 치세할 때 명신(名臣)으로 칭송받던 양진(楊震)의 증손.

*헌제의 장안 탈출 헌제는 이각의 부하였던 양봉과 헌제의 시숙부에 해당하는 거기장군 동승 등의 도움으로 195년 7월에 장안을 탈출했다.

* **하후돈(夏候惇)** 출생연도 미상~220년. 자는 원양(元讓). 조조와 같은 예주 패국 초현(지금의 안휘성 박주시) 출신. 거병했을 때부터 조조를 따랐으며 조조의 신임도 두터웠다.

* **허창(許昌)** 정확히는 허현. 지금의 허남성 허창시. 조조가 헌제를 맞아 수도로 삼았기 때문에 허도로 개칭되었다.

* **구호탄랑지계(驅虎吞狼之計)** 원술과 유비를 싸우게 하여 유비(虎, 호랑이)가 본거지인 하비를 비우는 동안 여포(狼, 이리)에게 하비를 공격하게 하여 유비를 매장시키려는 계책. 「삼국지연의」에서는 구호탄랑지계를 실행하기 전에 유비와 여포를 함께 쓰러지게 하는 이호경식지계(二虎競食之計)를 썼다.

유비는 3만, 원술은 대장 기령에게 10만의 병사를 주어 출진시켰다. 양군은 우이(盱眙)에서 격전을 벌였다. 한편 유비 등이 자리를 비운 서주성에서는 어느 날 밤…

형님께서 출진할 때 내게 술을 삼가라고 명했다.

하나 오늘만은 실컷 마시고

내일부터 나를 도와라.

역시 장비 장군님!

사양 않고 마시겠습니다.

마셔라, 마셔. 모두들!

조표 자네도 마시게!

저는 금주 중입니다.

전쟁에 목숨을 건 장수가 무슨 말을 하는 거냐.

자, 마셔.

벌컥 벌컥

꿀꺽 꿀꺽

261 **조표(曹豹)** 출생연도 사망연도 미상. 도겸의 부하로 조조가 서주를 침략했을 때 유비와 함께 담현(郯縣)에서 조조와 맞서 싸웠으나 격퇴당했다.

263 *조표의 배신 「삼국지」「촉서 선주전」의 기술에는 장비가 조표를 죽이려고 했기 때문에 조표가 배신해 여포를 하비로 불러들였다고 한다.

여포가!?

뭐라고!

여포군이 쳐들어 왔습니다!

보고 드립니다.

어리석은 놈!

장비는 불과 십수 명만을 데리고 우이에서 원술과 대전 중이던 유비에게 달려가 납작 엎드려 사죄했다.

성을 빼앗긴 데다가 형수님도 버리고 왔다고!?

할 말이 없소이다.

* **유비의 처자** 서주성을 여포에게 빼앗겼을 때 유비의 아내는 하비에서 여포에게 잡혀 있었다. 그 뒤에도 유비는 처자식과 자주 떨어졌다.

유비의 위협 여포에게 서주를 빼앗기고 원술에게 패하여 퇴각한 유비 군대는 뿔뿔이 흩어졌으나, 소패를 얻은 후 다시 병사를 모아 1만 남짓의 군대가 되었다. 그 때문에 여포는 유비를 부담스러운 존재로 여기게 되었다.

* **장비가 말을 훔치다** 여포는 사람을 시켜 하내에서 말을 샀는데 유비의 병사들이 탈취했다.

* 곽가(郭嘉) 170년~ 사망연도 미상. 자는 봉효(奉孝). 예주의 영천군 양책(지금의 하남성 우주시) 출신. 원소를 섬기고 있어 가망이 없다고 생각했지만 순욱의 추천으로 조조의 참모가 되었다.

* **유비의 처우** 「삼국지연의」에 따르면 조조는 '유비를 죽이는 편이 좋다'는 순욱의 주장을 물리치고 유비를 후하게 대접하는 동시에 예주목으로 주청(奏請, 황제에게 아뢰어 청함)했다.

* 원술의 즉위 197년 봄, 원술은 수춘에서 황제라 칭하고 연호를 중씨(仲氏)라고 했다.

양군은 어지럽게 싸웠으나, 원소군은 진두에서 창을 휘두르는 여포에게 완전히 무너져 달아났다.

앗!

그때 한 무리의 병사가 나타나 퇴로를 끊었다.

황제를 칭하는 반역자 놈!

관우의 청룡도를 받아라!

관우의 기세에 원술군은 뿔뿔이 흩어져 달아났다.

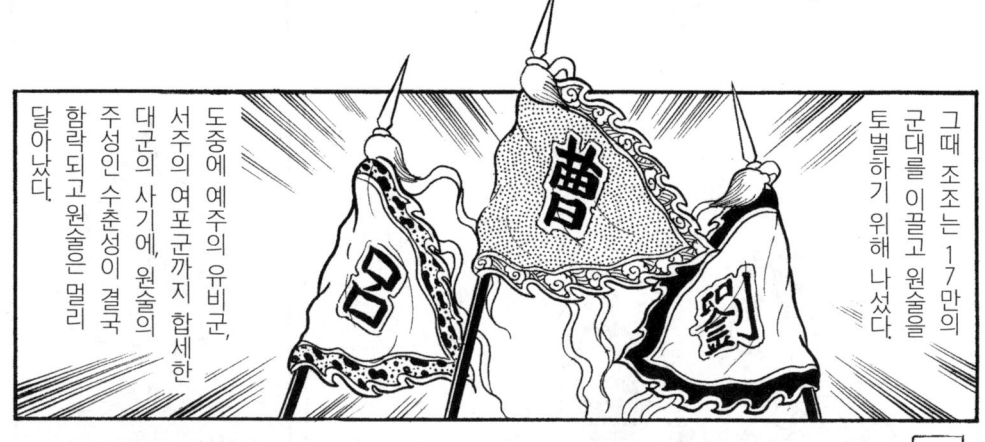

* **조조의 교묘한 꾀** 조조는 유비, 여포와 함께 원술을 공격했을 때 양식이 부족했기 때문에 담당자에게 작은 그릇으로 계량하여 배급하도록 명했다. 그런데 이 사실이 알려지자 조조는 담당자에게 "네 목을 빌려달라"며 목을 치고 병사들에게는 "담당자가 착복했다"고 말해 불만을 진정시켰다(『삼국지연의』).

*굴갱대호지계(堀坑待虎之計) 조조는 원술군을 격파한 후, 유비를 소패에 남기고 은밀히 여포와의 전투를 대비하라고 명했다. 조조는 이것을 '굴을 파서 호랑이를 기다리는 계책'이라고 명명했는데(『삼국지연의』), 조조가 은밀히 여포와의 전투에 대비하라고 귀띔한 상대는 유비가 아닌 패국의 상(相) 진규의 아들 진등(陳登)이다.

* **고순(高順)** 출생연도 미상~198년. 여포의 부하로 적진을 함락시키는 자라는 의미의 '함진영(陷陣營)'이라 불리며 두려움의 대상이었다. 여포가 멀리했으나 한마디 원망도 하지 않았고, 하비가 함락되었을 때 진궁과 함께 처형되었다.

조조 공...!

저 군대는....

오오

무사하셨소!

유비 공!

서주도 소패도 탈취하라!

전진하라! 전진하라!

지금이야말로 여포군을 쳐부술 때다!

두두두두

이제 오셨습니까!

조조 공!

늦어서 미안하오.

자, 함께 여포군을 공격합시다!!

조조 본군과 유비군의 맹공에 여포군은 하비성으로 달아났다.

하비성

원술의 아들에게 시집보내는 이야기를 다시 꺼내

주공! 이왕 이렇게 됐으니 주공의 따님을

원술과 손을 잡고 조조를 공격하는 게 어떻겠습니까?

음. 그럴까?

그 계책을 한번 시도해 볼까…!

여포의 제안에 원술은 조조를 무찌르기 위해서는 다른 수단이 없다고 판단해 실제로 딸을 데리고 온다면 손을 잡아도 좋다고 대답했다. 여포는 딸을 업고 조조군의 포위를 돌파하려 했으나, 장비가 가로막자 다시 하비성으로 달아났다.

*여포의 출진을 반대하는 아내 원술에게 가는 데 실패하자 진궁은 여포가 성 밖으로 출진한 후 성안의 군세와 호응하여 조조군과 대치하라는 계책을 제안했으나, 이 계책을 불안하게 여긴 여포의 아내(『삼국지연의』에서는 첩이 된 초선이 더해진다)의 반대로 결국 출진을 그만둔다(『삼국지』, 「위서 여포전」).

* **여포를 배신한 무장** 『삼국지』에는 여포를 배신한 무장으로 후성, 송헌, 위속이 기록되어 있다. 『삼국지』 「위서 여포전」에 따르면 후성이 여포에게 술을 올렸을 때 "여러 장군들과 술을 마시며 나를 죽일 밀담이라도 하려는 것이냐"고 노여워해서 '의심암귀'가 되어 조조에게 항복했다고 한다.

* **여포의 최후** 조조 앞에 끌려온 여포는 "오랏줄을 느슨하게 해달라"고 했으나, 조조는 "호랑이를 묶는 것이니 세게 묶을 수밖에 없다"고 단번에 거절했다. 다시금 여포는 "공(조조)이 보병을 지휘하고 내(여포)가 기병을 지휘하면 천하 평정은 쉬운 일이오" 하며 목숨을 구걸했다.

제14장
유비의 뜻 (1)

이걸로 내 걱정거리 하나가 사라졌다.

유비 공! 함께 허도로 개선하여 폐하를 뵙도록 합시다.

승상의 뜻에 따르도록 하겠습니다.

예

서주성 아래

* **유황숙(劉皇叔)** 유비의 조상은 중산정왕 유승으로 유승의 아버지는 전한의 경제(유계)이다. 한편, 후한을 연 광무제(유수)는 장사왕 유발의 자손이고 유발의 아버지도 역시 경제이다. 같은 조상을 가진 유비는 헌제의 아버지 영제보다 손아래였기 때문에 숙부뻘이 되어 '유황숙'이라 불리게 되었다.

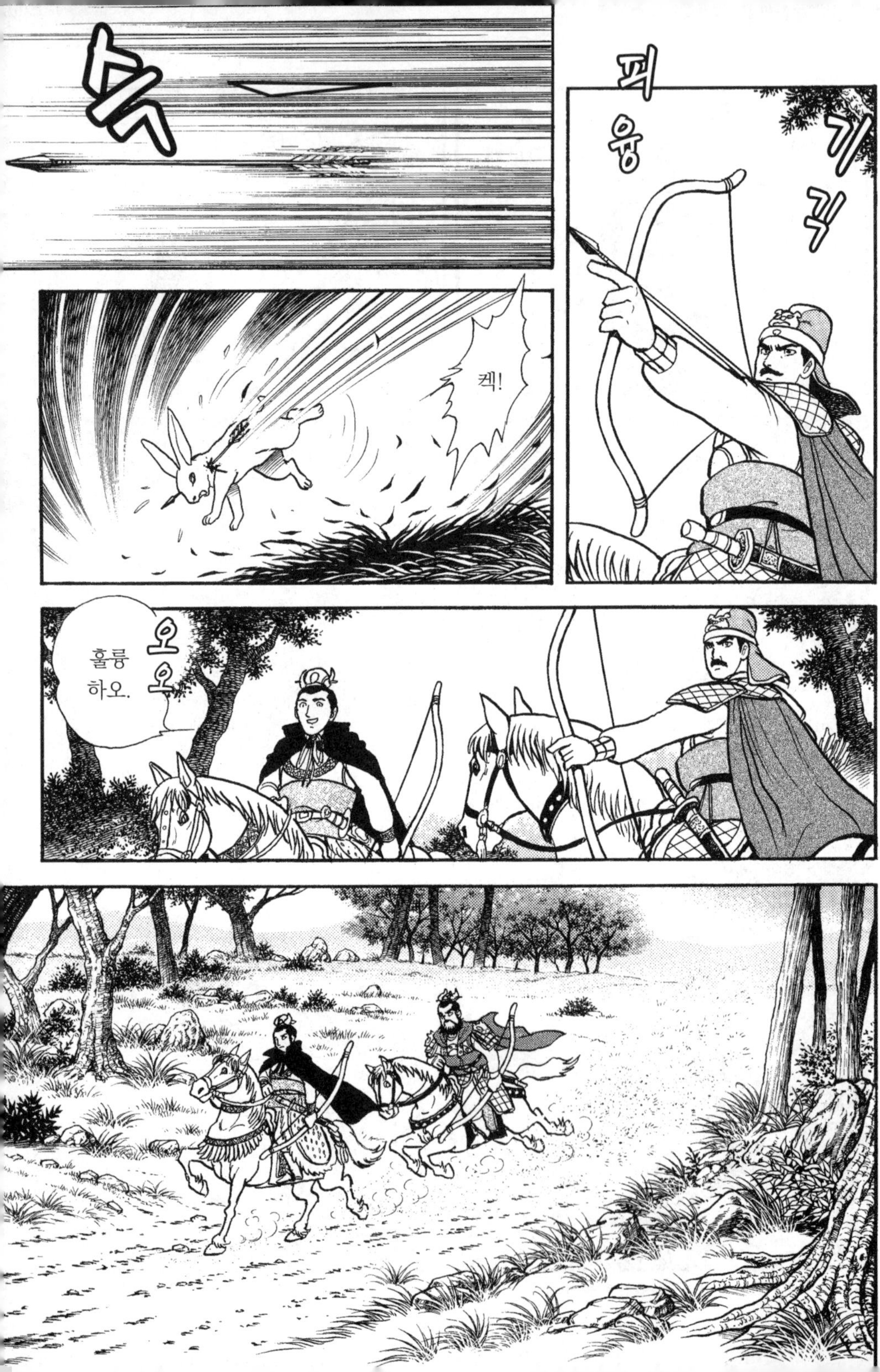

기긱
피융
슉
켁!
오오
훌륭하오.

쥐양

털썩

크엑!

두두두두

* **쏘아 맞힌 사람은 나** 헌제가 커다란 사슴을 쏘아 맞히는 데 실패한 후, 조조는 헌제의 활과 화살을 빌려 사슴을 쏘아 죽였다. 그러나 함께 있었던 신하들은 사슴의 몸에 헌제의 화살이 꽂혀 있었기 때문에 헌제가 쏘아 맞힌 것으로 착각했다고 한다(『삼국지연의』).

* 승상(丞相) 『삼국지연의』에서는 이때 조조의 관직이 승상(상제. 조정 신하 중 최고 위치)이었으나 실제로는 사공 겸 사노교위였다.

*복완(伏完) 출생연도 미상~214년. 복태후의 아버지. 둔기교위를 역임했다. 훨씬 뒤인 건안 19년(214년), 복태후가 복완에게 보낸 편지 중에 조조를 비방하는 내용이 있는 것이 알려져 조조에게 일족이 모두 살해당했다.

* **동승(董承)** 출생연도 미상~200년. 거기장군. 헌제의 장안 탈출에 공헌한 심복.

* **조조 주멸(誅滅) 계획** 헌제는 허리띠 안에 '조조를 주멸하라'는 밀서를 숨겨서 거기장군 동승에게 주었다. 칙명을 받은 동승은 동지를 모아 조조 주멸을 획책한다.

잘 들으시오!

쾅쾅
쾅

그렇다면 지금의 영웅은 누구인가요?

요즘 시대의 영웅은 귀공 유비 현덕과 나 조조 맹덕 둘뿐이오!

쾅쾅
번쩍
번쩍

* 『논어』의 말 유비는 조조가 자신을 영웅이라고 지적하자 놀라서 『논어』의 한 구절(신뢰풍열필변迅雷風烈必變)을 인용해 얼버무렸다.

*만총(滿寵) 출생연도 미상~242년. 자는 백녕(伯寧). 연주의 산양군 창읍 출신. 이 무렵에는 허령(許令, 부지사)이었다.

한편, 여행에서 돌아온 조조의 참모 곽가는 유비에게 병사를 주어 밖으로 보낸 것은 용을 바다에 풀어주고 호랑이를 산에 놓아준 격이라고 말했다.

조조는 곽가의 말에 동의했으나 이미 때는 늦었다.

유비 이놈!

나를 속이다니!!

* 용을 바다에 풀어주고 호랑이를 산에 놓아준 격 『삼국지연의』에서는 이 말을 정욱이 한 것으로 되어 있다. 『삼국지』에 따르면 유비의 출정에 반대한 사람은 곽가와 정욱이었다. 곽가는 "일단 적을 자유롭게 하면 여러 대에 걸쳐 화가 된다"고 했고, 정욱은 "유비는 반드시 반란을 일으킬 것이다"라고 간언했다.

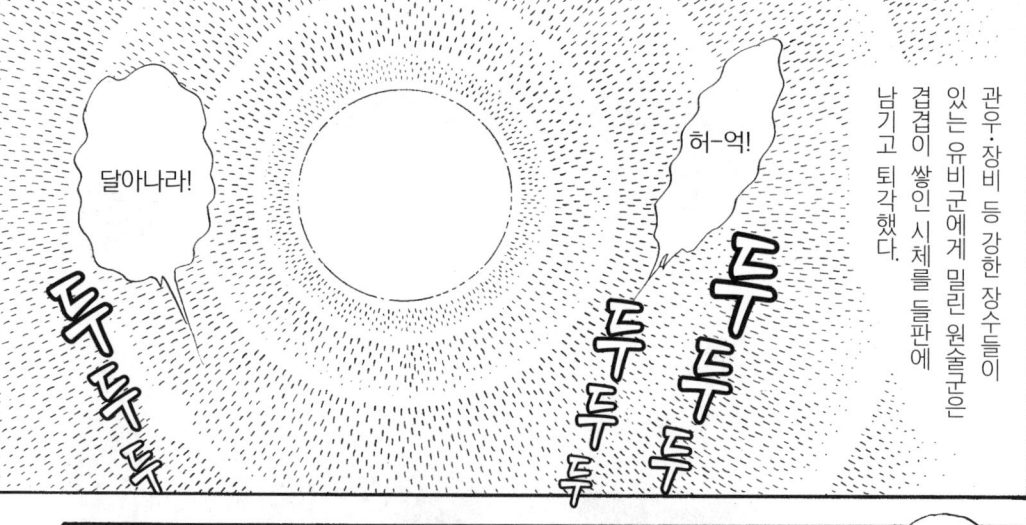

*원술의 죽음 원술은 197년에 황제를 참칭했으나, 2년 뒤인 199년 청주로 향하던 도중 병사했다.

원술을 멸망시킨 뒤에도 서주에 진을 치고 있는 유대와 미워했던 조조는 유대와 왕충에게 5만의 병사를 주어 공격케 했다. 그러나 유대는 장비에게, 왕충은 관우에게 생포되고 군은 흩어져 달아났다.

동승의 집

조조를 토벌하라는 폐하의 밀칙을

어떻게 실행하면 되겠소?

밀칙 실행을 위한 회의를 몇 번이나 해도 좋은 안이 나오지 않았다. 동승은 얼마 지나지 않아 피를 토하고 쓰러졌다. 즉시 시의(侍醫) 길평이 불려왔다.

"조조. 어딜 달아나느냐!!"

* **항상 삼엄한 호위를…** 이 무렵 조조의 호위역으로 가까이 둔 사람은 허저(許褚)였다. 허저는 조조가 여남, 회남을 평정할 때(197년 무렵?)에 귀순해 부하들과 함께 조조의 근위병으로 일하게 되었는데, 항상 조조의 좌우에서 주위를 위압했다(『삼국지』 「위서 허저전」).

*길평(吉平) 출생연도 미상~218년. 『삼국지연의』에서는 본명을 길태, 자를 칭평(称平)으로 하고 길평이라고 통칭되었으나, 모델이 된 사람은 길본(吉本)이라는 태의령(시의장)이었다.

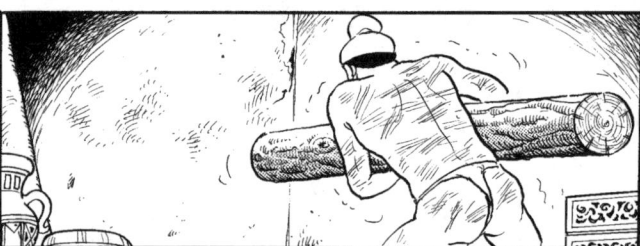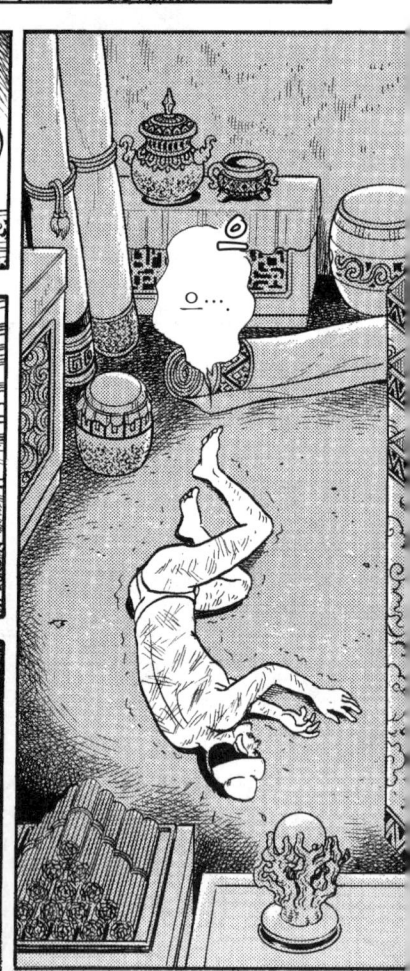

* **조조의 두통** 조조의 지병인 두통은 발작이 일어나면 눈이 침침해지고 마음도 어지러워졌는데, 의사 화타가 침을 놓으면 그 자리에서 회복되었다(『삼국지』「위서 화타전」).

* 헌제에게 양위(讓位)를 강요하려 했으나 조조는 헌제를 폐하고 다른 사람을 황제로 즉위시키려 했으나, 정욱은 "주군이 천하를 호령할 수 있는 것은 황제의 위광 때문이니 성급하게 폐립하는 것은 분란의 원인이 된다"고 간언했다(『삼국지연의』).

* **장료(張遼)** 169~224년. 자는 문원(文遠). 병주의 안문군 마읍(지금의 산서성 삭주) 출신.

* 관우의 사랑 관우가 조조에게 항복한 이유에 대해서는 관우가 연모하던 유부녀를 조조가 첩으로 주었다는 에피소드도 있다.

제16장
사나이 중의 사나이 관우

조조 공에게 항복하고 재기를 도모하는 게 최선이 아닐까?

관우! 여기서 한번

적으로서가 아니라 친구로서 말하마.

*관우와 장료. 『삼국지연의』에는 여포와 함께 처형될 뻔했던 장료의 목숨을 관우가 구했다고 되어 있는데, 『삼국지』에도 친하게 교류한 것으로 기록되어 있다.

* **조조의 신장** 『삼국지연의』에는 조조의 신장이 7척(161cm)으로 기록되어 있다. 『삼국지』에는 구체적인 용모가 기록되어 있지 않으나 나중에 흉노(북방 유목민족)의 사자와 면회할 때, "조조는 체구가 작았기 때문에 용모가 뛰어난 자를 자기 대신으로 내세워 위압하려 했다"는 에피소드가 남아 있다.

* 관우의 신장 『삼국지연의』에는 관우의 신장이 9척(209cm)이라고 되어 있다. 참고로 유비는 7척 5촌(172.5cm), 장비는 8척(184cm)으로 의형제 중에서 관우가 제일 컸다.

* **조조의 후한 대접** 조조는 관우를 편장군으로 임명하고 백마전 후에는 한수정후에 봉하는 등 극진하게 대했다(『삼국지』「촉서 관우전」).
또 『삼국지연의』에서는 비단과 금그릇, 은그릇을 보내고 이틀 간격으로 소연회, 나흘 간격으로 대연회를 베풀었다고 한다.

* 안량(顔良)·문추(文醜) 모두 출생연도 미상~200년. 두 사람은 원소 휘하의 대장으로 용명(勇名)을 떨쳤다.

관우는 할 수 없이 조조에게 작별 편지를 전하고 유비의 가족과 20명의 부하를 거느리고 성문을 나섰다.

*손건(孫乾) 출생연도 미상~214년. 자는 공우(公祐). 청주 북해국 출신. 유비의 심복 중 한 명이다.

*유비의 탈출 관도전을 벌일 때 유비는 문추와 함께 참전했다. 그 후 원소군의 별동대로서 조조의 배후에서 유격전을 벌인 뒤 원소군의 본진에서 빠져나왔다.
*주창(周倉) 관우의 충실한 부하로 알려져 있으나, 사실은 가공 인물이다.

* 여강(庐江)과 예장(豫章) 두 군도 빼앗아서… 199년(건안 4년)에 손책은 여강 태수 유훈에게 사자를 보내 지방의 독립 세력을 토벌하기 위한 공동 출병을 제안한 후, 유훈이 자리를 비운 사이에 본거지를 빼앗고 돕기 위해 달려온 황조군도 격퇴한다. 그 후 예장 태수 화흠은 전쟁 없이 성을 내주었다. 이렇게 해서 손책은 양주의 대부분을 제압했다.

*세 명의 자객 손책이 자객에게 습격을 당한 것은 단도(지금의 강소성 진강시)에서 광릉 태수 진등을 토벌하기 위해 가던 도중이었다고 한다. 손책이 부하들과 떨어져 홀로 있을 때 허공의 식객이었던 세 명의 자객에게 베임을 당했다고 하기도 하고, 자객들이 쏜 화살에 맞았다고도 한다.

* **거울 속의 요괴** 손책이 악몽에 시달린 것은 당시 사람들의 신망을 받던 도사 우길(于吉)을 살해했기 때문이라는 이야기도 있다.

* **손책의 죽음을 예언한 곽가** 조조 진영에서는 모두 손책의 무용을 두려워했지만 곽가만은 "손책은 강동을 이제 막 평정했을 뿐이고, 게다가 토벌한 상대는 부하들에게 신망이 있는 사람들뿐인데 조금도 신변 경계를 하지 않는다. 손책은 반드시 필부의 손에 죽을 것이다"라고 예언했다(『삼국지』 「위서 곽가전」).

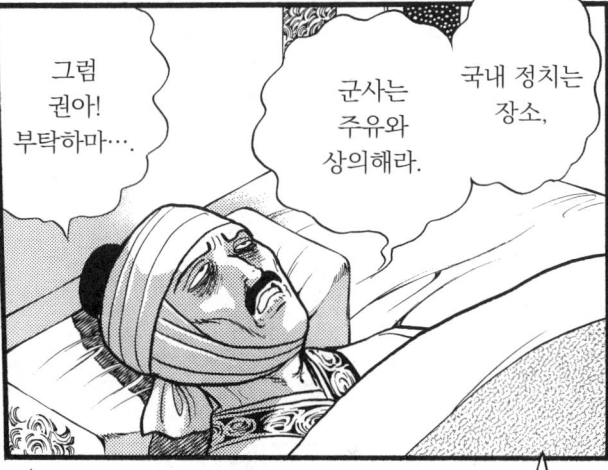

* **손책의 유언** 죽기 직전 손책은 장소 등 중신들과 동생 손권을 불러 유언을 남겼다.

*유비의 패배 조조는 관도전에서 승리한 뒤 유비를 토벌하기 위해 스스로 출진했다.

*전한의 유방도... 마지막에는 천하를 얻었소... 기원전 205년 유방은 팽성에서 항우군에게 대패를 당하고, 항우의 대군에게 쫓겨 패주를 거듭했으나 해하전투에서 항우군을 격파하고 기원전 202년에 전한의 황제에 즉위했다.

제18장 유비의 굴복 (2)

*유표가 기꺼이 맞아들이기로… 『삼국지』「촉서 선주전」에 따르면 유비가 형주로 달아났을 때 유표는 직접 마중을 나가 귀한 손님으로 후하게 대접했으나, 중요한 자리에는 결코 임용하려 하지 않았다.

* 채모(蔡瑁) 출생연도 미상~208년. 양양(지금의 호북성 양번시) 출신의 형주 호족.

* 유비의 제안(1) 유비는 장호와 진생을 토벌한 뒤 유표에게 장비를 남월과의 경계에 배치하고, 관우를 장로의 공격에 대비케 하며, 조운은 장강을 근거로 삼게 하여 손권을 경계하는 것이 어떻겠느냐고 제안했다(『삼국지연의』).

* **유비를 신야의 작은 성으로라도 옮기도록** 채부인은 유표에게 "형주의 많은 인사가 유비의 집에 드나들고 있는데, (배신에 대한) 경계를 하는 게 좋을 거예요. 양양에 유비가 있으면 좋을 게 없으니 밖으로 내보내는 게 어떻겠어요?"라고 말했다. 그러나 유표는 상대하지 않다가 나중에 유비에게 부하들을 데리고 신야에 주둔하라고 촉구했다(『삼국지연의』).

* 신야(新野) 형주의 남양군에 속하며, 지금의 하남성 신야현이다. 당시 조조는 완현(지금의 하남성 남양시)에까지 세력을 뻗치고 있어서 신야가 최전선이었다.

이러다 실력이 녹슬 겠어.

그러게 말일세.

조운.

이렇게 오랫동안 심심해서 싸우지 견딜 수가 않으니 없네.

짹짹 짹짹

지지배배

*아두(阿斗) 유선의 아명. 어머니 감부인이 회임했을 때 북두칠성을 마시는 꿈을 꾸었다고 해서 붙인 이름이다.
『삼국지연의』에는 태어난 날 신야의 관청에 학이 날아와 40번 정도 울고 서방으로 날아갔다는 길조가 나와 있다.

* **조조의 북방 제패** 조조는 200년(건안 5년)에 관도·창정 전투에서 원소군을 격파한 뒤 만 5년에 걸쳐 화북을 평정하고 또 한 번 원씨를 멸망시켰다.

* **유비의 제안(2)** 유비는 조조가 북방을 평정하러 가 있는 틈을 타 허도를 공격할 것을 유표에게 진언했지만 유표는 이를 받아들이지 않았다. 그런데 조조가 허도로 돌아오자 유표는 좋은 기회를 놓쳤다며 후회했고, 유비는 "난세이니 또 기회가 있습니다"라고 위로했다(『삼국지』, 「촉서 선주전」, 「위서 유표전」).

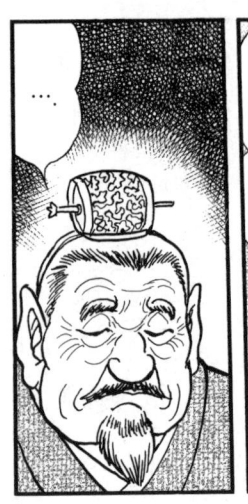

* 비육지탄(髀肉之嘆) 비육은 허벅지를 가리킨다. 전쟁이 없어서 좀처럼 공명을 세울 기회가 찾아오지 않는다는 유비의 한탄으로 『삼국지』 「촉서 선주전」의 주에 인용돼 있는 『구주춘추』(진의 역사가 사마표가 저술)에 비육지탄 이야기가 등장한다. 우수한 인물이 실력을 발휘할 기회가 없다는 의미의 고사로 지금도 사용되고 있다.

* **채모의 유비 암살 미수** 유비는 유표와의 술자리에서 "나도 발붙일 토지가 있으면 천하의 영웅 따위는 아무것도 아닙니다"라고 무심코 말한 적이 있었다. 그 직후 채모는 유비가 자는 틈을 노려 공격했으나 실패하자, 천하를 차지하려는 야망을 드러낸 유비의 시를 날조해 유표에게 유비를 죽일 것을 진언했다. 그러나 유표는 일찍이 유비가 시 짓는 것을 보지 못했다며 상대하지 않았다(『삼국지연의』).

*유비의 용모 「삼국지」 「촉서 선주전」에는 유비의 용모가 신장이 7척 5촌(172.5cm)에 손이 무릎까지 내려오며, 귀가 커서 돌아보면 자신의 귀가 보일 정도였다고 기록되어 있다.

* **사마휘(司馬徽)** 출생연도 사망연도 미상. 자는 덕조(德操). 예주의 영천군 출신.

*간옹(簡雍) 출생연도 사망연도 미상. 자는 헌화(憲和). 유비와 동향인 유주 탁군 출신.

* **방통(龐統)** 178~213년. 자는 사원(士元). 형주의 남군 양양 출신.

* 관중(管仲) 기원전 730년 무렵~기원전 645년. 제나라 환공을 섬긴 명재상으로 유명하다. 경제 진흥과 강병을 실시해 제나라를 강국으로 성장시키고, 환공을 춘추시대 최초의 패자(실질적 통치자)로 만들었다.

* 악의(樂毅) 출생연도 사망연도 미상. 전국시대 연나라의 명장. 약소국이었던 연나라를 강국으로 만들고, 기원전 284년 타국과 연합해 연나라의 숙적이었던 제나라와 싸워 큰 승리를 거두었다.
* 장량(張良) 출생연도 미상~기원전 189년. 자는 자방(子房). 전한을 건국한 고조 유방을 섬겼던 명 참모.

* **그렇다면 누가 군사를 추천했소** 진(晉)나라 관료 습착치(習鑿齒)가 편찬한 『양양기(襄陽記)』에는 사마휘가 유비에게 제갈량을 알려줬다고 기록되어 있으나, 『삼국지』 「촉서 제갈량전」과 『삼국지연의』에는 유비에게 제갈량을 만나보라고 권한 사람이 서서(徐庶)로 되어 있다.

*삼고초려(三顧草廬) 유비는 융중으로 제갈량을 찾아갔는데, 세 차례나 찾아가고 나서야 비로소 만날 수 있었다.

* **유비의 직함** 유비는 '한 좌장군 의성정후령 예주목 황숙'이라고 했다. 예주목은 여포 토벌 전에, 좌장군은 여포 토벌 후에 조조가 황제에게 상소문을 올려서 유비에게 준 것이다. 또 유비는 한황실과 혈연관계였으므로 헌제를 알현한 뒤 황숙(황제의 숙부)이라 불리게 되고, 이와 동시에 의성정후로 봉해졌다(「삼국지연의」).

* 최주평(崔州平) 「삼국지연의」에는 유비가 처음 융중을 방문하고 돌아가는 길에 한 은자와 만나는 장면이 나온다. 유비가 "혹시 와룡 선생이 아니십니까?"라고 묻는데, 그는 제갈량의 친구 최주평이었다. 「삼국지」 「촉서 제갈량전」에 따르면, 사람들은 제갈량의 재능을 인정하지 않으나 최주평과 서서만은 제갈량을 높이 평가했다고 한다.

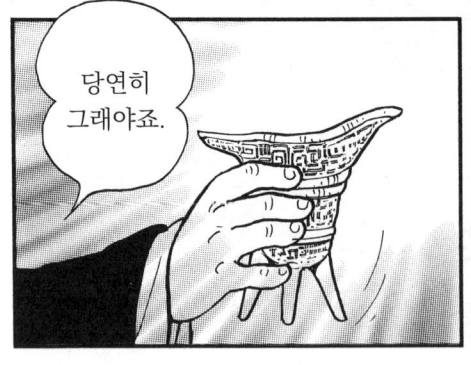

***양양(襄陽)의 기후** 양양은 지금의 호북성 양번시로 연중 평균기온은 13~18도, 최고기온은 41도, 최저기온은 영하 14.9도에 달한다.

*관우의 교양 「삼국지」「촉서 관우전」의 주(注)에는 관우가 「춘추좌씨전」(춘추시대 약 250년 동안을 연대에 따라 기술한 역사서. 노나라 좌구명左丘明이 썼다고 전해짐)을 애독했고, 그 내용을 거의 암기하고 있었다고 기록되어 있다.

*제갈균(諸葛均) 출생연도 사망연도 미상. 촉한이 건국된 뒤 장수교위까지 승진했다.

제21장 삼고초려 (2)

신야성 — 이른 봄

공명 선생 계시나?

*일각(一刻) 일각은 약 2시간. 고대 중국에서는 하루를 12등분해 오전 0시를 자(子), 오전 2시를 축(丑), 오전 4시를 인(寅) 등 십이지를 사용해 나타냈다.

* **내가 깨워주마** 유비를 정원 앞에 세워둔 채 2시간이나 낮잠을 자는 제갈량을 본 장비는 제갈량이 자는 체하고 있다고 격노했다. "뒤로 돌아가 불을 붙여 깨워주마!"라고 씩씩거리는 것을 관우와 유비가 달래서 진정시켰다. 제갈량은 그러고도 1시간이 지난 뒤에야 일어났다(『삼국지연의』).

* 서주 대학살 유비가 아직 공손찬의 부하로 있던 193년(초평 4년), 194년(흥평 원년)에 조조는 2번에 걸쳐 서주에 진격해 주민을 학살했다.

*아직 스물일곱의 미숙한 사람 제갈량은 181년(광화 4년)에 서주의 낭야군 양도현(지금의 산동성 기남현)에서 태어났다. 유비가 삼고초려를 해서 제갈량을 군사로 초빙한 것은 207년(건안 12년)이므로 세는 나이로 27세가 된다.

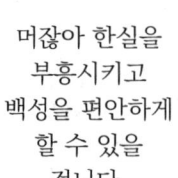

* 유기(劉琦)·유종(劉琮) 유표의 아들들로 유기는 장남, 유종은 이복동생이다.
* 천부지토(天府之土) '천부'라고 말한 사람은 제갈량이다. "익주는 천연 요새로 기름진 토지가 펼쳐진 하늘이 준 창고이다. 고조 이곳의 자원으로 황제가 되었다"고 유비에게 설명한다.

* 유장(劉璋) 출생연도 미상~219년. 자는 계옥(季玉). 형주의 강하군 경릉(지금의 호북성 잠강시 서북) 출신으로 익주 태수 유언(劉焉)의 아들이다. 194년(흥평 원년) 유언이 죽자 익주목이 되었다.
* 천하삼분지계(天下三分之計) 융중을 찾아온 유비에게 제갈량이 밝힌 장대한 전략 구상.

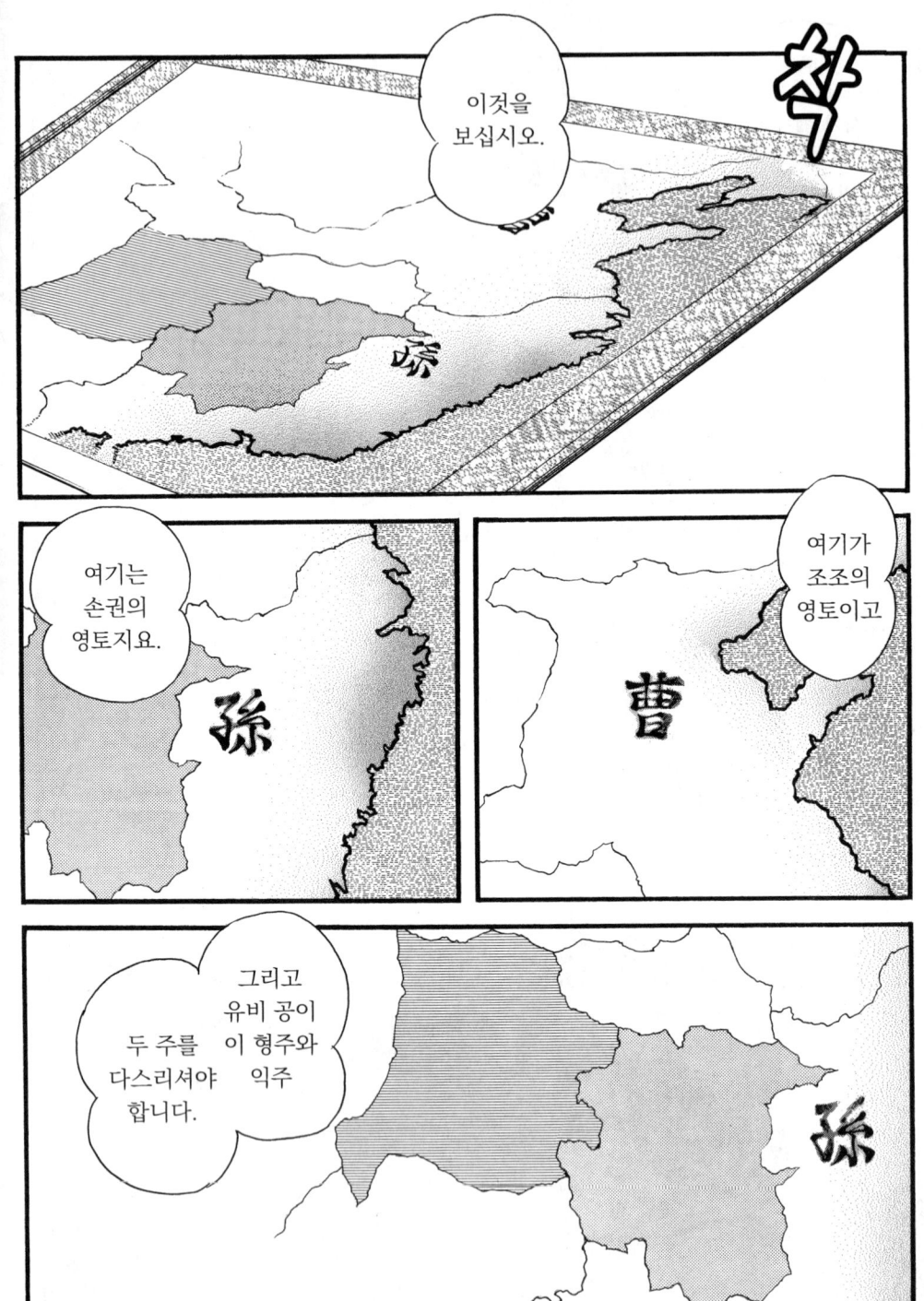

* **조조의 영토** 조조는 207년(건안 12년)에 원씨를 멸망시키고 유주, 기주, 병주, 청주, 연주, 서주, 예주 등으로 세력을 넓히고 기주 위군(魏郡)의 업(鄴, 지금의 하북성 자현)을 근거지로 삼았으며, 나중에 위왕에 봉해졌다. 중국 왕조의 국호는 원칙적으로 직위 전에 차지하고 있던 근거지의 지명을 붙였으므로(원, 청 등의 정복 왕조와 명은 예외) 조조의 아들 조비(曹조)가 황제에 즉위했을 때 국호를 위(魏)로 했다.

* **손권의 영토** 손권은 양주의 대부분을 차지하고 오군의 단도(丹徒, 지금의 강소성 진강시)를 본거지로 삼았다. 212년, 손권은 관청을 단양군 말릉(건업건강으로 개명, 지금의 강소성 남경시)으로 옮겼지만, 나중에 조비로부터 오왕으로 봉해지기 때문에 국호를 오(吳)로 했다.

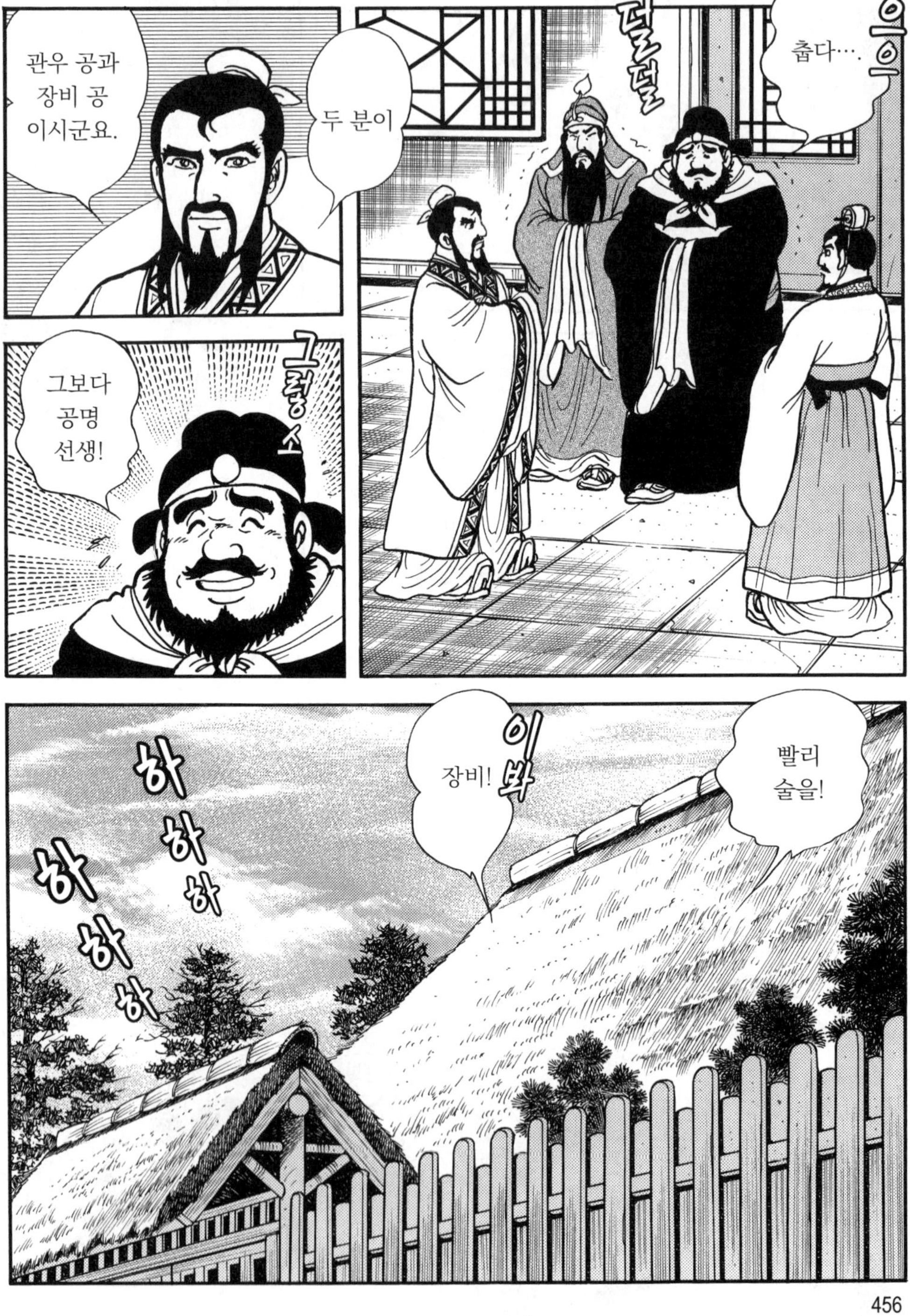
으으
춥다….
덜덜
두 분이
관우 공과 장비 공 이시군요.
그보다 공명 선생!
그렇소
장비!
이봐
빨리 술을!
하하하
하하하

* **왜 유표 공의 부탁을…** 왕침(王沈)의 『위서(魏書)』에 따르면, 유비는 유표의 말대로 형주를 맡는 게 좋다는 권유를 받았으나 "유표에게 입은 은혜가 있어 형주를 차지할 수 없다"고 대답했다고 한다. 그러나 유비에게 형주를 차지하라고 권한 사람이 누구인지는 『위서』에 기록되어 있지 않다.

* **하후돈(夏侯惇)** 출생연도 미상~220년. 자는 원양(元讓). 예주 패국 초현 출신. 즉 조조와 동향(同鄕)으로 조조가 동탁에 대항해 거병했을 때부터 진영에 참가했다.

* **내가 물고기라면 공명 선생은 물** 제갈량을 군사로 맞은 뒤 유비가 제갈량을 후하게 대접했기 때문에 관우와 장비는 기분이 언짢았다. 그래서 유비는 "내게 공명이 필요한 것은 물고기에게 물이 필요한 것과 같다"는 말로 관우와 장비를 달랬다(『삼국지』「촉서 제갈량전」).

* **관평(關平)** 출생연도 미상~219년. 관우의 아들(『삼국지연의』에서는 양자).
* **유봉(劉封)** 출생연도 미상~220년. 유비의 양자로 유비가 유장을 공격할 때(212년) 스무 살 남짓이었다고 『삼국지』「촉서 유봉전」에 기록돼 있다.

무시하고 진격하랏!

하이힝

기껏해야 500명 정도의 적병일 겁니다.

두두두 두두두

뭐냐, 저 개미 떼 같은 것은…?

왔다!

모두 돌격!

다만 즉시 후퇴할 테니 그리 알라!

오늘은 최고의 연회를 준비했습니다.

그간 그렇고

저야말로 감사합니다.

어떤 전략도 여러분 같은 맹장이 있어 가능했지요.

50만 조조 본군이 진격해 오면 당분간은 술도 못 마실 겁니다.

대략….

공명 선생은 우리가 언제 개선할지도 알고 있었소?

오늘밤은 실컷 드세요.

*연회를 준비했습니다 박망파 전투에서 신야에 남아 있던 제갈공명은 승리를 확신하고 "손건, 간옹 공에게는 축연과 (공훈을 적기 위한) 공로부(功勞簿)를 준비하게 합시다"라고 유비에게 말했다(『삼국지연의』).

*조인(曹仁) 168~223년. 자는 자효(子孝). 조조의 사촌동생.

* **강하성(江夏城)으로 쫓아버리고** 유표의 병이 깊어지자 강화에 있던 장남 유기는 문병을 하러 양양으로 돌아왔다. 그러나 채모와 장윤은 병상에서 유표가 유기를 계승자로 결정할 것을 걱정해 "임지를 내버려두고 왔기 때문에 장군(유표)이 화를 내고 있을 터, 만나면 병이 더욱 깊어질 것이다"라는 이유를 붙여 유기를 쫓아버렸다(『삼국지』, 「위서 유표전」).

* 부손(傅巽) 출생연도 사망연도 미상. 자는 공제(公悌). 인물 감정에 뛰어난 재능을 발휘했다.

* 형주의 항복 괴월(蒯越), 한숭(韓嵩), 부손(傅巽) 같은 신하들은 조조에게 항복할 것을 권했지만, 왕위(王威)는 주전론을 주장하며 조조를 공격해야 한다고 유종에게 진언했다.

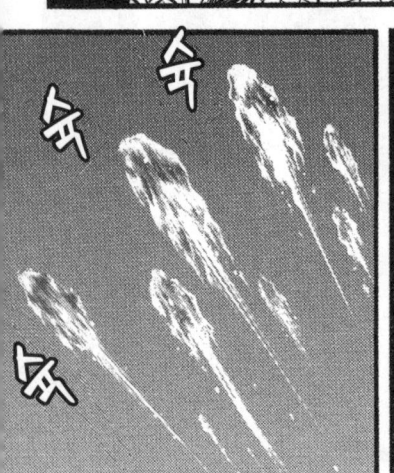

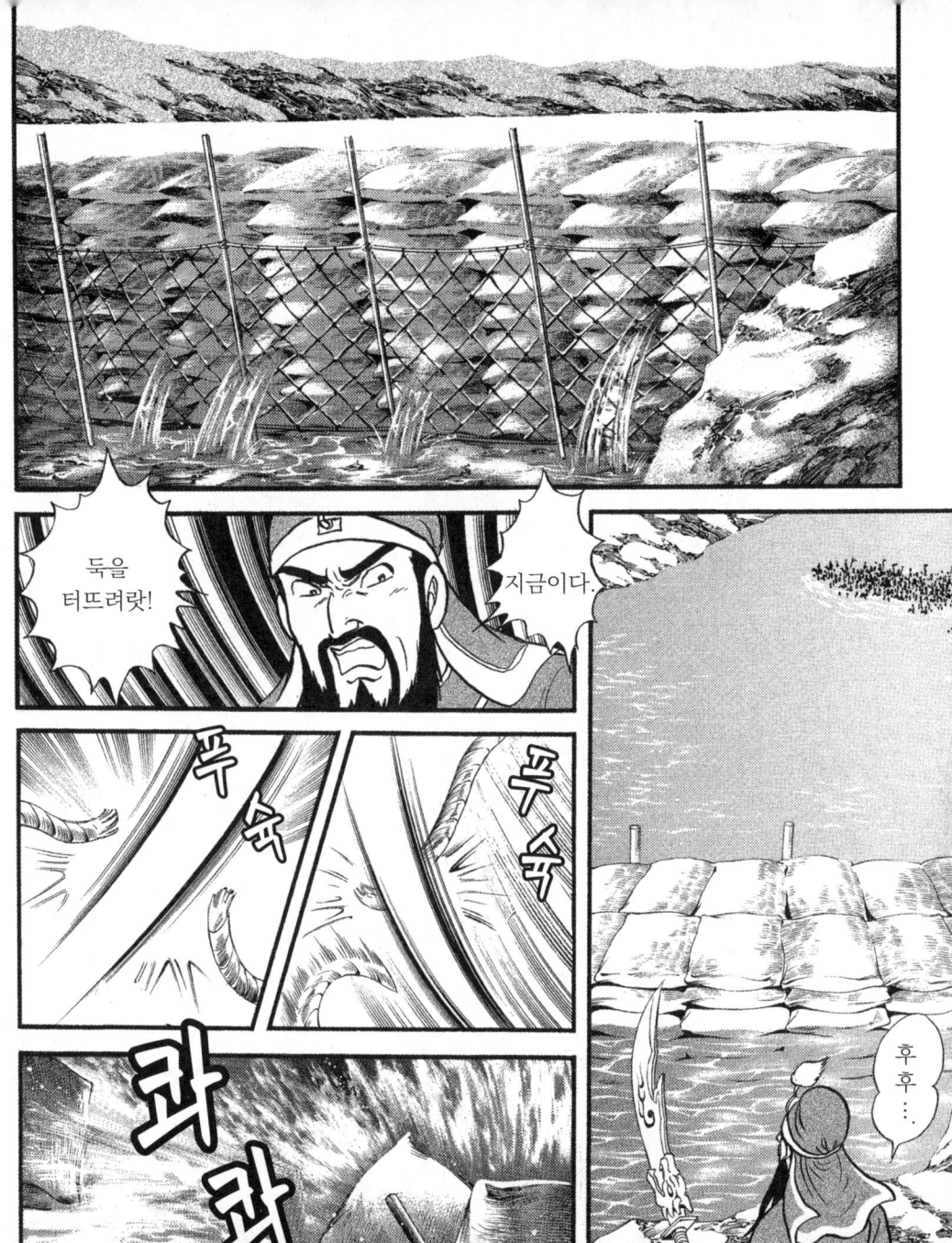

* 백하(白河) 후한~삼국시대는 육수(淯水)라 불렸다. 원류는 복우산(伏牛山, 하남성 서부). 유역에는 완현(지금의 남양시)과 신야가 있고, 더 내려가면 번성·양양(지금의 호북성 양번시) 동쪽에서 한수(漢水)와 합류한다.

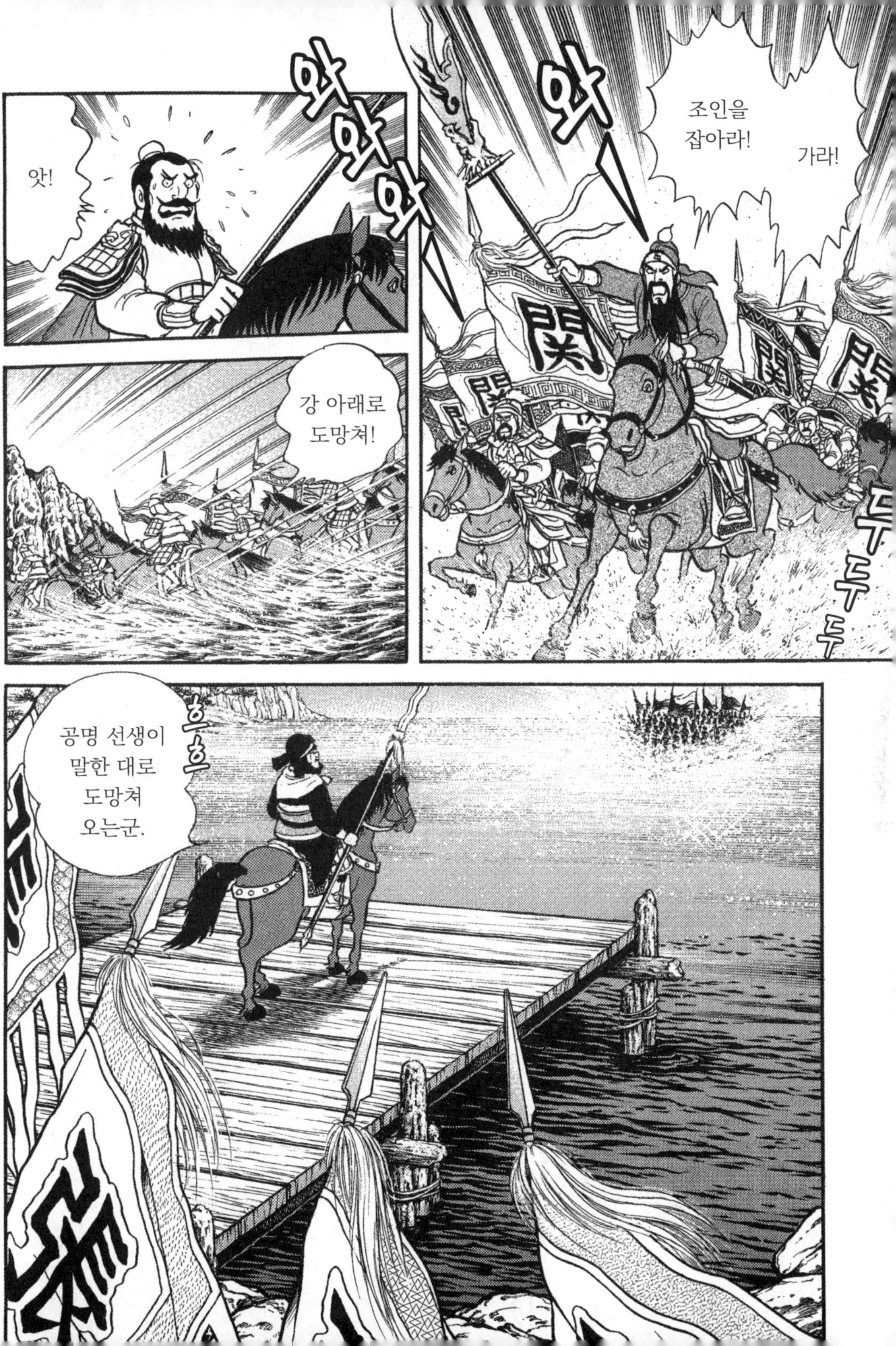
와와와
앗!
와
조인을
잡아라!
가라!
두두두
강 아래로
도망쳐!
흐흐
공명 선생이
말한 대로
도망쳐
오는군.

*청주 자사로 임명해서 『삼국지연의』에는 조조가 유종을 청주 자사로 임명해 즉시 부임하도록 명하고는 도중에 우금(于禁)을 시켜 어머니 채부인과 함께 죽였다고 한다. 더 나아가 조조는 공명의 가족도 찾았지만 이미 달아난 뒤여서 잡을 수 없었다.

***부인** 미부인을 말한다.『삼국지연의』에는 조운에게 유선을 맡긴 뒤 다쳐서 방해가 될 것을 우려해 오래된 우물에 스스로 몸을 던진 것으로 나온다.

제24장 공명 대 주유

형님! 살아계셨군요.

오

장비!

장판교

항복한 게 아닌가….

아까 조조의 진 쪽으로 달려갔소.

조운은 어찌 됐느냐!?

조운이 나를 배신하겠나?

무슨 소리!

* **장판교를 부숴라!!** 조조군을 격퇴한 장비는 장판교를 태워서 부순 뒤 후퇴했다
(『삼국지연의』에 의함. 정사에는 다리를 태워 부순 뒤 대치했다고 나온다). 이 사실을 보고
하자 유비는 "다리를 태워서 부수면 복병이 없다고 생각해 추격할 것이다"라고 말했다.

좋다.
적을
막기 위해

장판교를
부숴라!!

첨벙

우지직

우지직

조조군은 계속 맹공을 퍼부었지만
유비군은 공명이 이끌고 온 관우·유기군과
합류해 이들을 간신히 물리치고
일단 동쪽의 강하성으로 갔다.

장강

* **제갈근(諸葛瑾)** 174~241. 자는 자유(子瑜). 서주의 낭야국 양도(지금의 산동성 기남현 남쪽) 출신. 공명(제갈량)의 친형. 손권의 매형 추천으로 빈객으로 맞아진 뒤 얼마 안 되어 장사(비서관)로서 손권을 섬기게 되었다.

* **시상(柴桑)** 양주의 예장군 북부, 장강 남쪽 강변에 있다. 지금의 강서성 구강시. 동진 시대에는 강주라고 불렸다. 시인 도연명(陶淵明)의 출신지로 유명하다. 손권은 적벽대전 때 주유가 이끄는 주력의 후방 부대로서 주치와 함께 시상에 진을 쳤다.

* **주유(周瑜)** 175~210년. 자는 공근(公瑾). 양주의 여강군 서현(지금의 안휘성 서성) 출신. 손책과 손권을 섬겼고, 적벽대전에서는 지휘관으로 활약했다.
* **장소(張昭)** 156~236년. 자는 자포(子布). 서주의 팽성국(지금의 강소성 서주시 부근) 출신. 손책의 부탁으로 섬기게 되었고, 손책이 죽은 뒤 중신으로서 손권을 섬겼다.

* **노숙의 주전론** 노숙은 "저는 조조에게 항복해도 지금과 다르지 않은 지위를 얻을 수 있지만, 장군(손권)은 어떻게 될지 모른다"고 손권을 설득했다(『삼국지』「오서 노숙전」).

* **주유를 도발한 공명** 조조와의 전쟁에 부정적이었던 주유에게 공명은 "조조의 목표는 미인이라고 평판이 나 있는 이교(교씨 자매로 언니는 손책, 동생은 주유의 아내)를 얻기 위해서"라고 말함으로써 주유를 전쟁에 나서게 했다.

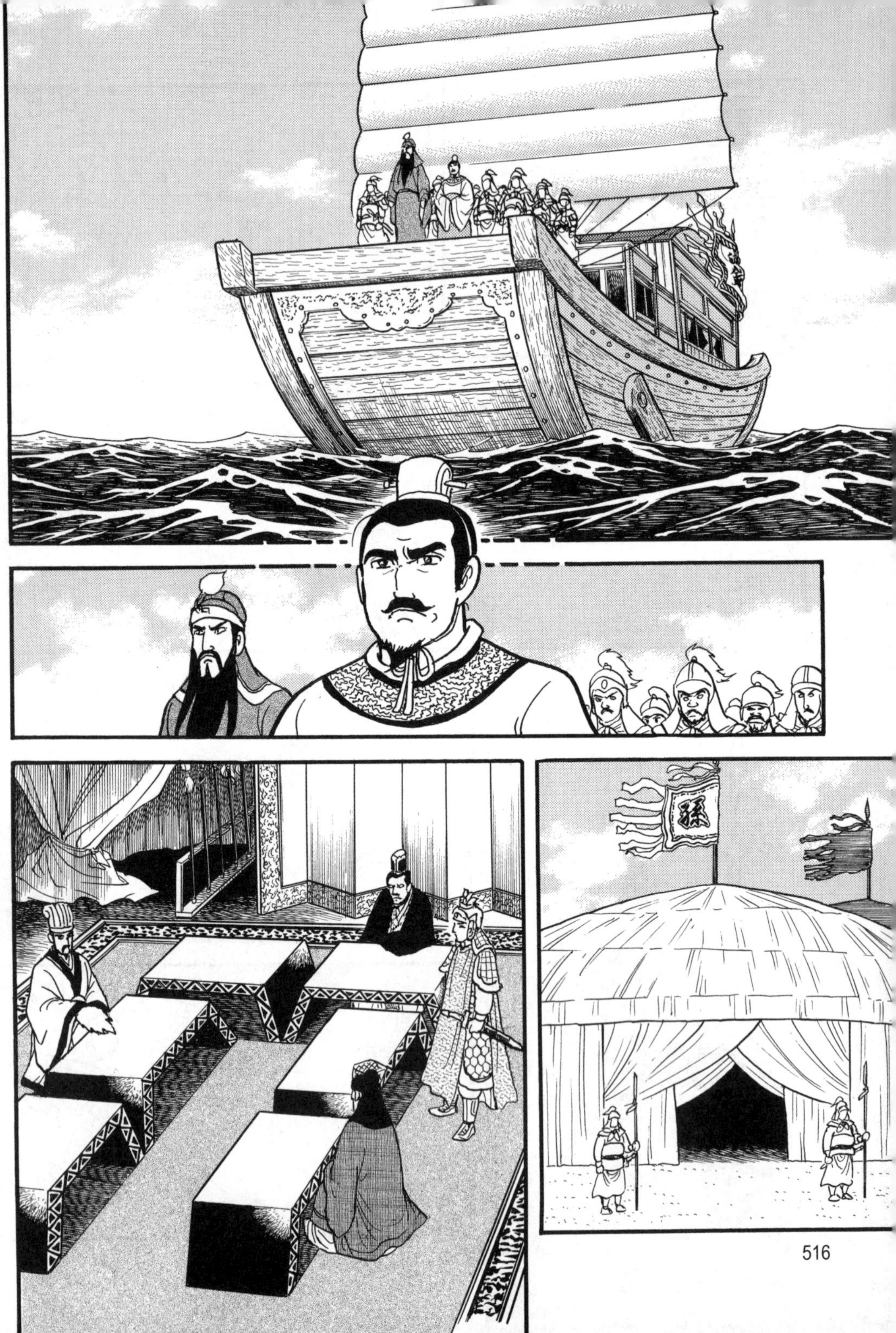

* 벽안아(碧眼兒) 『삼국지연의』는 손권의 용모에 대해 "태어날 때부터 얼굴이 각지고 입이 크며 벽안자염(碧眼紫髥), 즉 눈이 푸르고 구레나룻이 보랏빛을 띠고 있었다"고 말한다. 정사에는 용모에 대해 자세한 기술이 없지만, "손씨 형제 가운데 누구보다 인상이 좋아서 장수를 누릴 수 있다"는 유완(劉琬)의 평이 실려 있다.

손 장군.

초대에 응하여 찾아뵙습니다. 유비 현덕,

관우 운장입니다.

잘 알고 계시길!

우뚝

훗

* **주유의 유비 암살 미수** 주유는 유비의 사자가 인사하러 왔을 때 군략을 짜고 싶다며 유비를 불러 죽이려고 했다. 이 사실을 안 공명은 간이 철렁 내려앉았으나 관우가 함께 간다는 것을 알고 안심했다. 주유가 잔을 내던지는 것을 신호로 휘장 뒤에서 대기하던 50명이 유비를 덮칠 계획이었으나, 주유는 관우가 두려워서 잔을 던지지 못했다(『삼국지연의』).

* 장간(蔣幹) 출생연도 사망연도 미상. 양주의 구강도(지금의 안휘성 중부) 출신. 태도가 당당하고 장강, 회수 일대에서는 견줄 자가 없는 변설가로 유명하다(「삼국지」「오서 주유전」). 「삼국지연의」에는 주유의 동문으로 나온다.

승상.

장간님이 돌아오셨습니다.

즉시 들여 보내라.

* **장간의 편지** 『삼국지연의』에서 장간은 조조에게 귀순할 것을 권하기 위해 주유에게 왔으나, 장간의 계책을 꿰뚫어본 주유가 그럴 틈을 주지 않아 말할 기회도 얻지 못했다. 주유는 일부러 술에 취한 척해서 책상 위에 던져놓은 채모·장윤의 거짓 밀서를 장간이 가지고 돌아가게 한다.

* **채모·장윤을 베다** 조조는 채모와 장윤을 베어 죽인 뒤 주유의 계략이라는 것을 눈치챘지만, 뒤늦게 자신의 잘못을 인정할 수도 없어 "군율을 어지럽혔기 때문에 목을 베었다"고 말했다(『삼국지연의』). 정사에는 조조가 채모와 장윤을 벴다는 기술이 없다.

* **채모·장윤의 후임** 채모와 장윤을 벤 뒤, 조조는 모개와 우금을 후임 수군도독으로 명했다. 첩자에게 이 소식을 들은 주유는 크게 기뻐했고, 공명은 "저 두 사람은 머잖아 수군을 가라앉힐 것이다"라고 말했다(『삼국지연의』).

* 주유의 살의 「삼국지연의」에서 주유가 처음 공명에게 살의를 품은 것은, 회의에서 조조와의 전쟁을 결의하고도 손권이 갈피를 잡지 못하자 공명이 그것을 간파했을 때였다. 더 나아가 제갈근을 통해 공명을 손권 진영으로 끌어들이려 했으나 잘되지 않아 공명을 더욱 미워했다.

*10만 개의 화살 정사에는 공명이 10만 개의 화살을 하룻밤에 모은 이야기가 나오지 않는다. 그러나 조조와 대치 중이던 손권군의 배가 화살을 맞아 그 무게로 뒤집힐 정도가 됐을 때, 배의 방향을 바꿔 반대편 뱃전에도 화살을 맞게 해서 균형을 잡고 달아났다는 실화는 나와 있다.

쉬쉬쉭 쉬쉬쉭 쉬쉭

한잔 하십시오. 그만 하시고.

가히 신과 같은 지혜요.

공명 선생의 기책을 이제야 알았소.

화살 10만 개는 잘 받았소!

조 승상!

* **안개가 낄 것을 예언한 공명** 『삼국지연의』에는 10만 개의 화살을 손에 넣고 공명이 노숙에게 "대장이 천문, 지리, 점술, 음양술 등에 정통하지 않으면 도움이 되지 않는다. 나는 사흘 전부터 안개가 낄 것을 알고 있었다"고 말한 내용이 나온다.

〈2권에 계속〉

삼국지의 세계

해설 : 와타나베 요시히로(渡邊 義浩, 와세다대학 문학학술원)

『삼국지』의 시대는 어떠했는가?

지금부터 약 1,800년 전 3세기 중국에서는 약 400년간 이어진 대제국 한(漢)이 망하고 대변혁기를 맞았습니다. 그래서 여러 움직임이 있었는데, 크게 3가지 방향성이 있었다고 생각합니다.

첫째, 한 제국을 계속 이어가겠다는 방향성입니다. 거기에 유비와 제갈량(제갈공명)이 관련되어 있습니다. 그들은 촉(蜀)이라는 나라를 세우는데, 촉은 사실 지역명으로 정확히 이한(李漢), 막내 한을 의미하는 국명이었습니다.

둘째, 세계적으로 기온이 떨어져 유목민이 남하하기 시작하면서 대국의 붕괴를 초래해 여러 나라로 나뉘기 시작했습니다. 그 점을 파악하고 이제 대제국은 부흥하지 않으니 천하를 세 개로 나누자는 방향성을 취한 것이 손권이 만든 나라, 오(吳)입니다.

셋째, 한과는 다른 형태로 통일 국가를 만들고자 하는 움직임으로 조조와 그의 아들 조비의 나라, 위(魏)입니다. 조조는 후세의 조용조제의 기초와 균전제의 원류가 된 둔전제 등 선진적인 정책을 수립했지만, 살아 있는 동안에는 결실을 보지 못했습니다. 이는 300년 뒤의 수나라와 당나라, 통일 국가의 기본 제도가 됩니다.

그러한 위·오·촉을 둘러싼 3가지 방향성이 보이기 시작한 매우 흥미로운 시대를 거쳐 최종적으로는 위를 이은 서진(西晉)이 중국을 재통일하게 됩니다. 그 과정에 등장하는 여러 인물의 개성 넘치는 모습을 그린 작품이 바로 『삼국지』입니다.

정사 『삼국지』와 『삼국지연의』, 요시카와 에이지의 『삼국지』

『삼국지』에는 몇 가지 버전이 있습니다. 우선 정사 『삼국지』입니다. 이것은 위나라를 계승한 서진의 역사가 진수(陳壽)가 3세기 말에 저술한 책입니다. 중국을 재통일하고 얼마 지나지 않은 시대, 즉 그들에게는 현대사로 쓰였습니다. 사실을 전하고 있지만 당시에 적지 않은 내용도 있었습니다. 위의 정통성에 주안점이 있었기 때문에 위의 조조, 서진의 기초를 닦은 사마의 등의 나쁜 점은 적지 않고 공적만 칭송하고 있습니다. 그렇게 한쪽에 치우친 경향과 미흡한 부분도 있지만, 이후 4~5세기의 역사가 배송지(裴松之)가 여기에 주를 달아 기술을 보충해서 삼국시대의 구체적 형태를 볼 수 있게 되었습니다.

사실 진수는 촉나라 출신으로 그의 아버지는 제갈량을 섬긴 적도 있었습니다. 그렇기 때문에 한의 부흥을 목표로 한 촉나라에 마음이 있어 촉과 제갈량에 대해 매우 긍정적으로 서술했습니다. 뚜렷이 드러내지는 않았지만 촉이야말로 정통이고, 유비가 진정한 황제라는 생각이 행간에 숨어 있습니다.

이 정사 『삼국지』를 바탕으로 후세에 주자학의 영향을 받아 역사소설로 집필한 것이 『삼국지연의』입니다. 14세기 원나라 말에서 명나라 초기에 나관중(羅貫中)이라는 인물이 썼다고 하는데, 나관중에 대해서는 잘 알지 못합니다. 이 소설은 명·청 시대에 크게 유행했습니다. 소설이므로 '7할의 사실, 3할의 허구'라고 해서 여러 가지 픽션이 나왔는데, 정사 『삼국지』와 결정적인 차이점은 어느 나라를 정통으로 보느냐입니다.

『삼국지연의』는 촉을 정통으로 그려나갑니다. 그중 제갈량을 천재 군사로, 유비군의 무장 관우를 '의(義)'라는 덕목을 체현하는 신격화된 존재로 표현하는 데 픽션의 대부분을 할애하고 있습니다. 그렇게 되면 조조는 한을 멸망시킨 극악무도한 인간일 뿐입니다.

『삼국지』의 유적에서 제갈량과 사진을 찍고 있는 사람은 일본인이고, 관우와 사진을 찍고 있는 사람은 중국인인 이유가 바로 이것입니다. 조조와 사진을 찍고 있는 사람은···. 모택동이 조조의 팬이었으니 모택동주의자일까요?

요시카와 에이지[吉川英治]는 『삼국지연의』를 소년 시절에 애독한 듯한데, 그의 『삼국지』는 관우를 특별히 다루지 않고 장비와 비슷하게 취급합니다. 요시카와 에이지는 시대를 개척해가는 조조의 자세를 높이 평가했습니다. 이 작품을 미래가 보이지 않는 전쟁 중에 썼다는 점과도 관련이 있어 보입니다. 요시카와의 『삼국지』는 전반에는 역사적 사실로서 중요했던 조조를, 후반에는 한민족의 마음 중심에 있었던 제갈량을 주인공으로 그렸습니다.

『만화 삼국지』의 특징은?

이 책 『만화 삼국지』는 유비를 주역으로 그린 작품입니다. 유비는 각각의 『삼국지』에서 주인공이기는 하나 주역은 아니었습니다. 그런데 이 작품에서는 주인공이자 주역입니다. 그래서 유비를 묘사하는 방식이 이렇다는 것을 분명히 알 수 있습니다.

전체적으로는 『삼국지연의』에 가깝지만, 요시카와 에이지의 원작과 마찬가지로 관우를 특별히 취급하지는 않았습니다. 요코야마 미스테루[橫山光輝]가 그린 만화판 『삼국지』가 있는데, 그 책은 거의 요시카와 에이지 판을 따랐습니다. 이 만화는 그 책과는 확실히 다르며, 독창적인 부분도 몇 곳 눈에 띄어 흥미롭습니다.

예를 들어 황건적 삼형제를 조조와 손견, 유비가 토벌하는 것은 이 만화의 독창적 설정입니다. 또 가짜 유비가 나오는데, 그가 살해된 것을 이유로 토벌에 나서는 장면도 그렇고 장비의 사인도 조금 다릅니다. 그러나 정사 『삼국지』, 『삼국지연의』와의 비교 등 곳곳에 적절한 주석이 달려 있으므로 작가가 정사 『삼국지』와 『삼국지연의』를 잘 읽고 그린 것으로 봐도 좋을 것입니다.

〈2권에 계속〉

『マンガ 三国志 I 劉備と諸葛孔明』

MANGA SANGOKUSHI I RYUBI TO SHOKATSUKOMEI

Copyright © Eiji Yoshikawa, © Ishimori Production Inc., © Koutaro Takekawa
Korean translation rights arranged with ASUKASHINSHA CO.
through Japan UNI Agency, Inc., Tokyo and EntersKorea Co.,Ltd., Seoul

만화 삼국지 1

발행일 2021년 11월 15일 초판 1쇄
2024년 9월 10일 초판 3쇄

원작 요시카와 에이지
그림 이시모리 프로
시나리오 다케카와 고타로
옮긴이 장현주
발행인 고영래
발행처 (주)미래사

주소 서울시 마포구 토정로 195-1 정우빌딩 3층
전화 (02)773-5680
팩스 (02)773-5685
이메일 miraebooks@daum.net
등록 1995년 6월 17일(제2016-000084호)

ISBN 978-89-7087-002-1 (04910)
978-89-7087-005-2 (04910) (세트)

© (주)도서출판 미래사, 2021, Printed in Korea.

이 책의 한국어판 저작권은 (주)엔터스코리아를 통해 저작권자와 독점 계약한 도서출판 미래사에 있습니다.
저작권법에 의하여 한국 내에서 보호를 받는 저작물이므로 무단전재와 무단복제를 금합니다.

* 가격은 뒤표지에 있습니다.
* 잘못 만들어진 책은 구입처에서 바꾸어 드립니다.